Leitner Der Leguleius

Der Leguleius
oder
Zivilrecht in Anekdoten

von

Max Leitner

Mit 24 lavierten Tuschzeichnungen
von Herwig Zens

Printed in Austria

Der Verlag dankt der LexisNexis Verlag ARD Orac GmbH & Co KG, Wien,
für die freundliche Abdruckgenehmigung aus dem RdW.

ISBN 978-3-214-00504-7
ISBN 978-3-214-00505-4 (Vorzugsausgabe)

2008 MANZ'sche Verlags- und Universitätsbuchhandlung GmbH, Wien
Telefon: (01) 531 61-0
eMail: verlag@Manz.at
World Wide Web: www.Manz.at
Layout und Satz: Veronika Molden, Wien
Druck: Manz Crossmedia, Wien

Inhaltsverzeichnis

Vorwort

Dieses Buch ist das Ergebnis eines Spleens, nämlich des Blätterns in alten juristischen Büchern. Vor dreieinhalb Jahren habe ich begonnen, Stellen, an denen ich besonderen Gefallen gefunden habe, mit kurzen Anmerkungen zu versehen und zu veröffentlichen. Hier sind nun diese in den Jahren 2005 bis 2008 im *ecolex* und im *RdW* erschienenen Miszellen geringfügig verbessert versammelt und durch einundzwanzig bisher nicht veröffentlichte Anmerkungen vermehrt. Hinzu kommen die Zeichnungen, die *Herwig Zens* nach alten Stichen und Fotografien angefertigt hat.

Die Zitate auf den Seiten 11, 17, 68 und 78 wurden mir von *Christian Rabl*, jene auf den Seiten 40 und 65 von meinem Vater, *Wolfgang Leitner*, jene auf den Seiten 45 (Anmerkung), 62, 82 und 86 von *Thomas Riehm*, *Saskia Machold*, *Carl Eugen Hoyos* und *Alexander Göd* zugetragen, wofür ich mich herzlich bedanke. Besondere Erwähnung verdienen sowohl das Layout von *Veronika Molden* als auch die Zusammenarbeit mit *Christopher Dietz* (Manz Verlag); sein Beitrag zum Gelingen des Buches geht weit über das Übliche hinaus. *Ernst Steinkellner* danke ich für die kritische Lektüre des Manuskripts und die wertvollen Verbesserungsvorschläge.

Mein Dank gilt auch den Professoren *Höpfner, Ehrenzweig, Savigny, Celsus, Pfaff, Hofmann, Windscheid, Ulpian, Martini, Zeiller* und all den anderen. Sie haben große Teile dieses Buches geschrieben. Ich habe mich schamlos ihrer Schriften bedient – sie mögen es mir verzeihen. Vor allem aber danke ich dem alten *Jhering*; seine Werke habe ich besonders ausgiebig und mit dem größten Vergnügen geplündert – er sei an dieser Stelle meiner besonderen Verehrung versichert.

Osnabrück, Juli 2008 *Max Leitner*

Einleitung

Seit im 19. Jahrhundert gelehrte Professoren aus Deutschland ihre Vorstellung von Ordnung in das doch eher unstrukturierte römische Recht projizierten, wird das Zivilrecht vom Gedanken des Systems beherrscht. So liest man Aussagen wie, „nur das System verbürgt Erkenntnis, verbürgt Kultur“[1] oder „Rechtswissenschaft (...) ist systematisch oder sie ist nicht“[2]. Dieses Buch hingegen verzichtet auf jegliche Systematik. Das System wird hier durch die Anekdote ersetzt, über deren Wert *Egon Friedell*[3] Folgendes schreibt: „Oft wird ein ganzer Mensch durch eine einzige Handbewegung, ein ganzes Ereignis durch ein einziges Detail schärfer, einprägsamer, wesentlicher charakterisiert als durch die ausführlichste Schilderung. Kurz: Die Anekdote in jederlei Sinn erscheint mir als die einzig berechtigte Kunstform der Kulturgeschichtsschreibung.“

Mag das System auch für Wissenschaftlichkeit stehen, die Anekdote erscheint mir entschieden unterhaltsamer, und der Unterhaltung soll dieses Buch in erster Linie dienen. *Jhering* schreibt im Vorwort zu *Scherz und Ernst in der Jurisprudenz*, dass sein Werk seinen Zweck verfehlt habe, wenn es den Leser bloß zum Lachen anregt. Ganz anders liegt die Sache hier: Das Buch soll den Leser unterhalten; wenn es nebenbei noch zur Erweiterung des zivilrechtlichen Horizonts beiträgt, soll es mir auch recht sein.

Den roten Faden des Buches bildet das Zivilrecht. Es hat sich in seinen verschiedenen Entwicklungsstufen durch den jeweiligen Zeitgeist geprägt stets seine Lebendigkeit und Aktualität bewahrt. Es weist aber auch eine faszinierende Kontinuität auf. Geprägt ist diese Kontinuität durch – wie es am Anfang der Institutionen heißt – „*constans et perpetua voluntas ius suum cuique tribuens*“[4] und die Vorstellung, dass dieses Ziel durch über die Einzelfallgerechtigkeit hinausgehende allgemeine rationale Prinzipien erreicht werden soll.

Spannend sind meines Erachtens aber auch die Irrwege der Vergangenheit, die immer eine entsprechende Gegenbewegung erzeugt haben, deren Übertreibungen wiederum von der nächsten Strömung ausgeglichen wurden. Auch wenn wir heute manchmal weiter sehen, so doch nur deshalb, weil wir wie Zwerge auf den Schultern von Riesen stehen.

Als Ausgangspunkt meiner Anmerkungen dient meist ein historisches Zitat. Ganz bewusst beziehe ich aber die Perspektive der Gegenwart: „Alles, was wir von der Vergangenheit aussagen“, schreibt *Friedell*[5], „sagen wir von uns selbst aus. Wir können nie von etwas anderem reden, etwas anderes erkennen als uns selbst.“ Geschichte dient also letztlich immer der Erklärung der Gegenwart und die Rechtsgeschichte dient dem Verständnis des geltenden Rechts. Dieses Buch wiederum dient – wie bereits gesagt – der Unterhaltung.

---

[1] *Sauer*, Juristische Methodenlehre 171.
[2] *H. J. Wolff*, Stud Gen 1952, 205.
[3] Kulturgeschichte der Neuzeit, Einleitung.
[4] Der unwandelbare und ewige Wille, jedem sein Recht zu gewähren.
[5] Kulturgeschichte der Neuzeit, Einleitung.

Jens

Gewährleistung einst

ecolex 2005, 42

Mangelhaft seynd erstlich alle Dinge, welche dasjenige nicht an sich haben, was sie ihrer ordinari und natürlichen Eigenschaft nach an sich haben sollen. Aus dieser Ursach wird z. E. für mangelhaft geachtet krank- und unbeschaumäsziges Viehe. (...) Abgestandener Wein, brandiger Weitz, schimmlichtes Brod. Grund und Boden, welcher dem Ungeziefer oder schädlichen Kräutern stark unterworfen ist. Wie auch Häuser, welche mit Gespenstern und Poltergeistern beunruhiget seynd.

Kreittmayr, Anmerkung über den Codicem Maximilianeum Bavaricum Civilem, Band IV (1765) 3 Theil § 23 bis 25 nota 3

Wigulaeus Xaverius Aloysius von Kreittmayr (1705-1790) war Staatskanzler des Kurfürstentums Bayern und verfasste den *Codex Maximilianeus Iuris Bavarici*, der aus dem *Codex Iuris Criminalis* (1751) dem *Judiziarkodex* (1753) und dem *Codex Iuris Civilis* (1753) bestand. Wie später *Zeiller* in Österreich verfasste er gleich auch den dazugehörigen Kommentar, der zu den ersten rechtswissenschaftlichen Werken in deutscher Sprache zählt. Dass Gesetzesverfasser ihre eigenen Schöpfungen kommentieren, ist eine auch heute beliebte Gepflogenheit.

Die erste Analogie

ecolex 2006, 487

Haec actio utilis competit et si non quadrupes, sed aliud animal pauperiem fecit.
(Diese actio utilis steht dann zur Verfügung, wenn nicht ein Vierfüßer, sondern ein anderes Tier Schaden verursacht.)

D 9, 1, 4

Bei dem vorliegenden Zitat handelt es sich um das vermutlich älteste schriftlich überlieferte Beispiel eines Analogieschlusses. Das römische Zwölftafelgesetz sah die Haftung des Tierhalters für Schäden vor, die ein vierfüßiges Tier (*quadrupes*) durch seine Wildheit verursacht (*actio de pauperie*). Als die Römer nach den punischen Kriegen den Vogel Strauß nach Italien brachten, stellte sich die bange Frage nach der Haftpflicht für von Straußen verursachte Schäden; der zweibeinige Vogel ließ sich beim besten Willen nicht unter den Begriff des Vierbeiners subsumieren. Der Praetor entschloss sich zur Analogie und gewährte eine *actio utilis*. Mag die Authentizität der Anekdote auch nicht zweifelsfrei nachgewiesen sein, diese von *Kramer* in seiner Methodenlehre (2. Auflage S 175 f) gebrachte Geschichte ist in ihrer dem römischen Recht eigenen Plastizität wohl eines der schönsten Beispiele für einen Analogieschluss.

Der findige Erblasser

RdW 2007, 654

Contra legem facit, qui id facit quod lex prohibet, in fraudem vero, qui salvis verbis legis sententiam eius circumvenit.
(Gegen das Gesetz handelt, wer tut, was das Gesetz verbietet; das Gesetz umgeht dagegen, wer unter Wahrung des Wortes seinem Sinn zuwiderhandelt.)

D 1, 3, 29

Umgehungsgeschäfte sind – im Gegensatz zu den Scheingeschäften – von den Parteien wirklich gewollte Geschäfte, die den Zweck haben, unerwünschte Rechtsfolgen – meist die Nichtigkeit – zu unterlaufen. Wenn dadurch der Normzweck vereitelt würde, ist die umgangene Norm auch auf das Umgehungsgeschäft anzuwenden. Dazu wird die direkt anwendbare Norm einschränkend ausgelegt oder teleologisch reduziert und die umgangene Norm in erweiterter Auslegung oder analog herangezogen (siehe etwa *Kletečka in Koziol/Welser* I^{13}, 178).
Nicht funktioniert diese Technik, wenn der Eintritt der Rechtsfolge verhindert wird. Dies zeigt eine von *Honsell* (in Kramer-FS 199) unter Berufung auf *Gaius* referierte Geschichte aus dem alten Rom: Das Gesetz erlaubte nur eine begrenzte Zahl von testamentarisch angeordneten Sklavenfreilassungen und bestimmte die Streichung der die zulässige Höchstzahl überschreitenden Namen. Ein schlauer Erblasser schrieb die Namen der Freizulassenden nun nicht nacheinander, sondern in einer kreisförmigen Anordnung. Da man nicht wusste, welche Namen man streichen sollte, mussten wegen des *favor libertatis* (*in dubio pro libertate*) alle im Testament genannten Sklaven freigelassen werden.

Der Leguleius

ecolex 2005, 292

Ein Jurist soll die Gesetze wissen; er soll sie also nicht nur auswendig hersagen können, sondern ihren Sinn, ihren Geist, ihre Ursache verstehen. Wer bloß die Worte weiß, ohne gründliche Kenntnis der Gesetze selbst, heißt *Leguleius*. Wer die Gesetze aus Bosheit oder Unwissenheit unrichtig anwendet, heißt ein *Rabulist*, und wer sich durch Uebung, als Advocat, Beamter, u. s. w. nach und nach einige Kenntnis von den Gesetzen erworben hat, aber keine gründliche Theorie besitzt, wird ein *Empiriker* genennt.

Höpfner, Theoretisch-practischer Commentar über die Heineccischen Institutionen nach deren neuesten Ausgabe (1783) zu § 25

Das Wort *Leguleius* setzt sich aus dem lateinischen *lex* und dem griechischen *λαλος* (geschwätzig) zusammen. Wer an den Buchstaben des Wortsinns haftet, wird also als Gesetzesschwätzer bezeichnet (der *Stowasser* spricht von Gesetzeskrämer oder Paragraphenreiter).
Höpfners Kommentar ist inzwischen etwas in Vergessenheit geraten. *Ehrenzweig* (System[2] I/1, 3 FN 7) weist auf die Bedeutung des Werkes für die Entstehung des ABGB hin: Wie *Martini* auf die Werke des *Heineccius* soll *Zeiller* auf *Höpfner* zurückgegriffen haben. In den Beratungsprotokollen (*Ofner*, Protokolle II 183 und 261) ist vom „berühmten Höpfner" und „von Höpfner in seinem berühmten Commentar" die Rede.

Glücks Pandektenkommentar

ecolex 2005, 448

Als Glück (1755–1831) sein gewaltiges Werk vorstellte, hatte er seinen Editionsplan auf sechs Bände in Aussicht gestellt. Als der greise Glück zwei Stunden vor seinem Tod die Arbeit einstellte, war er gerade im 35. Bande bis zur Seite 119 gediehen.

aus einem Antiquariatskatalog

Christian Friedrich Glücks Lebenswerk, die umfassende Darstellung der Pandekten in deutscher Sprache, wurde zwar von seinen Nachfolgern (*Mühlenbruch, Fein*) zunächst fortgesetzt, blieb aber schließlich doch unvollendet. Der systematische Ansatz der moderneren Pandektistik unter dem prägenden Einfluss *Savignys* ließ die Materialschlacht *Glücks* bald überholt erscheinen. Die Jahrhunderte andauernde Beschäftigung mit dem *corpus iuris* fand schließlich in *Windscheids* Lehrbuch des Pandektenrechts ihren krönenden Abschluss, der direkt ins BGB mündete. Die Blattlinie des *ecolex* (kürzen, kürzen, kürzen) möchte dem heutigen Autor das Schicksal *Glücks* ersparen.

Der Pandekten-Troubadour

RdW 2005, 691

Wie geht es dem elegant geleckten,
Süßlichen Troubadour der Pandekten,
Dem Savigny? Die holde Person,
Vielleicht ist sie längst gestorben schon –
Ich weiß es nicht – Ihr dürfts mir entdecken,
Ich werde nicht zu sehr erschrecken.

Heine, Die Menge tuts (1855)

Friedrich Carl von Savigny (1779–1861) war der alles überstrahlende Zivilrechtler der ersten Hälfte des 19. Jahrhunderts. Die von ihm begründete historische Rechtsschule hob die Jurisprudenz auf eine neue Stufe der Systematik und Wissenschaftlichkeit, führte sie allerdings auch in die Sackgasse der Begriffsjuristerei, aus der sie erst *Jhering* wieder befreite. *Savignys* Bedeutung für die Gegenwart reicht nicht ganz an das Ansehen heran, das ihm seine Zeitgenossen zuteil werden ließen; vieles wirkt aus heutiger Sicht seltsam antiquiert. *Heinrich Heines* Unmut war aber nicht so sehr rechtswissenschaftlichen Ursprungs; der freiheitsliebende *Heine* konnte den reaktionären *Savigny* aus politischen Gründen nicht ausstehen.

Vom Stil der Gesetze I

RdW 2006, 551

Ihr Stil muss knapp sein (...). Die Sprache des Gesetzes muss einfach sein; der schlichte Ausdruck wird immer besser verstanden als der ausgeklügelte. (...) Gesetze dürfen nicht spitzfindig sein: denn sie werden für Leute mit Durchschnittsverstand geschaffen; sie sollen kein logisches Kunstwerk, sondern der Ausdruck der gesunden Vernunft eines Familienvaters sein.

Montesquieu, Vom Geist der Gesetze (1748)
Buch XXIX, Kapitel 16

Anders als das ungleich präzisere aber doch etwas sperrige BGB ist das ABGB dem Geist *Montesquieus* und der naturrechtlichen Forderung nach einem allgemein verständlichen Gesetzestext verpflichtet. Im Zeitalter von Aufklärung und rationalem Naturrecht griff man mitunter auch zu unorthodoxen Methoden, um Verständlichkeit in Gesetzgebung und Verwaltung zu gewährleisten: In Ungarn soll *Maria Theresia* veranlasst haben, jede behördliche Anordnung einem den Ämtern beigegebenen Mann von Grundschulbildung und durchschnittlicher Intelligenz (genannt „*buta ember*" [dummer Mann]) vorzulesen; konnte er den Inhalt nicht wiedergeben, musste der Entwurf umgeschrieben werden (siehe *Schönherr,* JBl 1982, 247). Eine ähnliche Aufgabe hatte unter *Joseph II.* der *Martini*-Schüler *Sonnenfels* (er war nicht nur Jurist, sondern auch Schriftsteller): Er unterzog als offizieller Staatsstilist alle Gesetze einer „Rectifizierung des Styles" (siehe *Barta* in *Barta/Palme/Ingenhaeff,* Naturrecht und Privatrechtskodifikation 29 FN 22).

Car: Anton de Martini
Insign. Ord. S. Stephani Eques S.C.R.A.M.
a Consiliis aulicis et in Supr. Bohemiae
et Austriae Cancellaria Referendar
intimus Juris Nat. et Instit.
in Univers. Vindob. P.P.O.

Martini

Vom Stil der Gesetze II

RdW 2006, 624

Sie (Anm: die Gesetze) sollen (...) *deutlich* und *kurz*, wie die 10 Gebothe Gottes geschrieben seyn, damit sie auch Leute von geringeren Geistesgaben fassen und im Gedächtniß behalten können.

Martini, Allgemeines Recht der Staaten (1799) 35

Die Verfasser unseres Gesetzbuches haben ihren *Montesquieu* gelesen (vgl oben S 20). *Zeiller* (*Ofner*, Ur-Entwurf I 8) gibt es aber schon ein bisschen billiger als sein Lehrer *Martini*: „Genug, wenn die Gesetze so klar abgefaßt sind, daß der gebildetere Bürger, wofern er nur die Elementar-Rechtsbegriffe hat, sie zu verstehen vermöge. Vorzüglich aber sei ein solcher Grad der Klarheit und Bestimmtheit unerläßlich, daß den Gerichtshöfen und den Rechtsvertretern kein gegründeter Zweifel über den wahren Sinn des Gesetzes auffallen könne (...)."
Nachfolgende Generationen scheinen sich nur noch wenig um Gesetzestransparenz bemüht zu haben. In neuester Zeit erlebt die naturrechtliche Forderung nach verständlichen Gesetzen aber eine kleine Renaissance: So sprach der Verfassungsgerichtshof (VfSlg 12420/1990) die Verfassungswidrigkeit von Normen aus, die „überhaupt nur mit subtiler Sachkenntnis, außerordentlichen methodischen Fähigkeiten und einer gewissen Lust zum Lösen von Denksportaufgaben" verstanden werden können. Nach der Rechtsprechung des Europäischen Gerichtshofs (Rs C-365/93, Kommission/Griechenland; Rs C-144/99, Kommission/Niederlande) reicht es wiederum nicht aus, dass das nationale Recht tatsächlich die vollständige Anwendung einer Richtlinie gewährleistet, sondern die Rechtslage muss sich auch hinreichend bestimmt und klar aus dem Gesetz ergeben, damit die Begünstigten in die Lage versetzt werden, von ihren Rechten Kenntnis zu erlangen. *Martini* und *Zeiller* hätten ihre Freude.

Die Saat der Wertungsjurisprudenz

ecolex 2006, 386

Eben darin liegt das Übel, daß die Jurisprudenz zu einer Zoologie hinaufgeschraubt wird, während sie doch die Kunst ist, mit dem civilistischen Zugvieh zu pflügen.

Jhering, Scherz und Ernst in der Jurisprudenz (1884) 9

Unter dem maßgebenden Einfluss *Georg Friedrich Puchtas* (1798–1846) – *Savignys* Schüler und dessen Nachfolger in Berlin – gefiel sich die Rechtswissenschaft in der begriffsjuristischen Methode, deren Ziel die Rechtsfindung auf rein formallogischem Wege allein aus der juristischen Begrifflichkeit war. Die Suche nach der angemessenen Lösung von praktischen Problemen trat hinter Fragen der Systematik und Konstruktion zurück; die Folge war die Entfremdung von Theorie und Praxis. *Scherz und Ernst in der Jurisprudenz* ist die beißend-ironische Abrechnung *Rudolf von Jherings* (1818–1892) – zunächst selbst begeisterter Begriffsjurist und Anhänger *Puchtas* – mit dem abgehobenen und selbstgefälligen Zustand der Rechtswissenschaft seiner Zeit. *Jherings* humoristische Demontage der Begriffsjurisprudenz war derartig erfolgreich, dass so manche ihrer Leistungen in Vergessenheit geriet und „Begriffsjurist" heute als Schimpfwort verwendet wird.

Das System

RdW 2008, 252

Bei einem Denker sollte man nicht fragen: *welchen* Standpunkt nimmt er ein, sondern: *wie viele* Standpunkte nimmt er ein? Mit anderen Worten: hat er einen *geräumigen* Denkapparat oder leidet er an Platzmangel, das heißt: an einem „System".

Friedell, Steinbruch – vermischte Meinungen und Sprüche (1922) Kapitel: Was ist Wahrheit

Dem System kommt im Zivilrecht – dem Bonmot *Egon Friedells* zum Trotz – nun einmal zentrale Bedeutung zu. Dabei ist aber besondere Vorsicht geboten, besteht doch eine häufige Fehlerquelle darin, das System als Selbstzweck zu betrachten und inhaltliche Fragen allein über Konstruktion und Begrifflichkeit zu lösen. *Kramer* (Juristische Methodenlehre² [2005] 142) bezeichnet dies als ständige Versuchung, weil diese Art der Argumentation dem denk- und begründungsfaulen Juristen die oft sehr mühsame wertende Begründung erspare.

Ein Beispiel für begriffsjuristisches Argumentieren und auf (formal-logische) Systematik beschränktes Denken bieten *Wolffs* Ausführungen zur Haftung des Wohnungsinhabers (in *Klang* VI², 105; diesem folgend *Welser* in *Koziol/Welsers* II¹³, 366): Gemäß § 1318 ABGB haftet der Wohnungsinhaber für den Schaden, den eine aus seiner Wohnung geworfene, herabgefallene oder gegossene Sache anrichtet. Laut *Wolff* hafte der Wohnungsinhaber nicht, wenn ein Mensch aus dem Fenster springt oder geworfen wird, weil ein Mensch eben keine Sache sei (§ 285 ABGB). Anderes gelte für den Körper eines Toten (der ja anders als der lebende Mensch nicht mehr Träger von Rechten und Pflichten ist – also nicht mehr Rechtssubjekt, sondern Rechtsobjekt [Sache]). So hafte der Wohnungsinhaber, wenn sich jemand am Fensterkreuz erhängt und als Toter dann herabfällt und Schaden anrichtet. Auch wenn § 1318 ABGB den Begriff „Sache" verwendet, kann es doch richtigerweise im Kontext dieser Bestimmung auf die Unterscheidung zwischen Sache und Person nicht ankommen; gehaftet werden soll doch ganz offensichtlich für physikalische Körper, die aus der Wohnung fallen, dabei kann es nicht davon abhängen, ob sie Träger oder Gegenstand von Rechten und Pflichten sind.

Canaris (Systemdenken und Systembegriff in der Jurisprudenz[2] [1983] 22 f) hält der Überbewertung der Begrifflichkeit bei der Suche nach Lösungen zivilrechtlicher Probleme prägnant entgegen: „(...) die *eigentlich entscheidenden* juristischen Denkakte vollziehen sich außerhalb des Bereichs der formalen Logik. Denn wie es das Wesen des Rechts ist, Wertentscheidungen zu treffen, so ist es die Aufgabe des Juristen, Wertungen verstehend nachzuvollziehen, zu Ende zu denken und schließlich, auf letzter Stufe, selbst vorzunehmen."

Theorie und Praxis I

ecolex 2006, 569

Es beruht aber alles Heil darauf, daß (...) in gewissen Grade jeder Theoretiker den praktischen, jeder Praktiker den theoretischen Sinn in sich erhalte und entwickle. Wo dieses nicht geschieht, wo die Trennung zwischen Theorie und Praxis eine absolute wird, da entsteht unvermeidlich die Gefahr, dass die Theorie zu einem leeren Spiel, die Praxis zu einem bloßen Handwerk herabsinke.

Savigny, System des heutigen Römischen Rechts, Band I (1840) XX

Savignys Ausführungen in der Vorrede seines Spätwerks hinterlassen einen etwas befremdenden Eindruck, war doch *Savigny* selbst der Hauptverantwortliche für die zu dieser Zeit bestehende tiefe Kluft zwischen Theorie und Praxis. *Ehrenzweig* schreibt im Krainzschen System (4. Auflage [1905] 7) an die zitierte Vorrede anknüpfend über den Praxisbezug der Rechtswissenschaft: „Nicht auf dem Schreibpulte des Stubengelehrten, sondern auf dem grünen, wenn auch mitunter dornigen Wege des Lebens hat sich das stolze Gebäude ineinandergreifender und fast alle Lebensverhältnisse umspannender Grundsätze gebildet, die wir Recht nennen, und die römischen Juristen, denen wir die meisten derselben verdanken, waren durchwegs Praktiker; bei ihnen finden wir jene glückliche Vereinigung von Theorie und Praxis, die obiger Mahnung Savignys zur Folie diente."

Theorie und Praxis II

RdW 2007, 594

Aber für die gefährlichste Species unter ihnen (Anm: den juristischen Schriftstellern) halte ich (...) diejenigen Praktiker, welche sich darum für große Theoretiker halten, weil eine innere Stimme ihnen sagt, daß sie keine Praktiker sind.

Jhering, Scherz und Ernst in der Jurisprudenz (1884) 65

Die von *Jhering* beschriebene Spezies mag immer noch existieren, auffälliger ist heute allerdings ein anderes Phänomen: Der Praxisbezug – bei der Beschäftigung mit dem geltenden Recht wohl eine Selbstverständlichkeit – wird oft derart herausgestrichen, dass der Verdacht nahe liegt, es könnte vielleicht am theoretischen Fundament mangeln.

Theorie und Praxis III

Weit entfernt im bequemen Hochmuth, das Urtheil der Praktiker über theoretische Leistungen als nicht maßgebendes anzuerkennen, ordne ich mich in bezug auf alle meine dogmatischen Arbeiten bereitwillig dem Urtheil der Praktiker unter, und Ansichten, die bei ihnen keinen Beifall finden, gelten mir von vornherein als verdächtig.

Jhering, Ist die Jurisprudenz eine Wissenschaft? Jherings Wiener Antrittsvorlesung vom 16. Oktober 1868, 84 (1998 von *Okko Behrends* herausgegeben)

Das wohl schönste Kompliment für einen Rechtswissenschaftler ist die Zustimmung der Praxis (am besten in Form einer Entscheidung des Obersten Gerichtshofs). Ein anderes sind Erfolge in der Lehre. In seinen Lehrveranstaltungen bekommt der Vortragende unmittelbares Feed-back. Die studentische Zuhörerschaft schätzt im Allgemeinen die Kompetenz des Vortragenden sehr gut ein und verlässt ungeniert den Vortrag, wenn er ihrem strengen Urteil nicht genügt. Hier herrscht Basisdemokratie, in der die Studenten mit den Füßen abstimmen.

Kindesraub

Druckfehler und andere Versehen der vorigen Auflage sind leider vielfach in ein neues Lehrbuch des bürgerlichen Rechtes übergegangen. Ich habe in den Noten wiederholt auf derartige Entlehnungen hingewiesen und mich redlich bemüht, diesen unerwünschten gemeinsamen Besitz zu vermindern. Das ist mir im vorliegenden Bande vermutlich ebenso wenig restlos gelungen, wie im Sachenrecht. Dort ist noch in der letzten Auflage (1923) auf S. 442 § 373 statt 343 bezogen – ebenso wie im Prager Lehrbuche (1922) S. 542. Der Fehler stammt aus der fünften Auflage (1913). Ich bin es dem Herrn Verfasser des neuen Lehrbuches schuldig, die Urheberschaft aller derartigen gemeinsamen Fehler auf mich zu nehmen.

Ehrenzweig, System[1] II/2 (1924) Vorwort

Eleganter als *Ehrenzweig* im Vorwort zu seinem System kann man einen Plagiatsvorwurf wohl kaum vorbringen. Der Kindesraub (*plagium*) kommt nicht aus der Mode. Kürzlich entgegnete ein deutscher Professor gar auf den Vorwurf, er habe seinen Beitrag in einem neueren Kommentar abgeschrieben: Das Werk stamme ja gar nicht von ihm selbst, er habe es sich von seinem Assistenten schreiben lassen.

Schonende Nachhilfe

RdW 2007, 80

Auf sich selbst angewiesen, ist die Rechtsprechung mehr denn je bemüht, das bürgerliche Recht im Einklange zu erhalten mit den Anforderungen der Gegenwart, und weit entfernt, durch geistlose Gesetzesanwendung die Achtung vor dem Gesetz zugleich zu beweisen und zu erschüttern, überzeugt sie uns, daß der Richter auch mit unvollkommenen Gesetzen die Gerechtigkeit und das gemeine Wohl befördern könne. Welches Gesetz aber ist vollkommen, so vollkommen, daß es dieser schonenden Nachhilfe entraten könne?

Ehrenzweig im Krainzschen System, Vorwort zur 4. Auflage (1905)

Das Zitat legt *Armin Ehrenzweigs* (1864–1935) Verbundenheit mit der von *Joseph Unger* (1828–1913) in Österreich begründeten historischen Rechtschule und seine Gegnerschaft zur ängstlichen Wortgläubigkeit der sogenannten exegetischen Schule offen, die in den ersten Jahrzehnten des ABGB den juristischen Diskurs beherrschte.

Ehrenzweigs Name ist eng mit seinem System des bürgerlichen Rechts verbunden, das wie kein zweites Werk das österreichische Zivilrecht prägte. Interessant ist die Entwicklung des Buches: Die Familie von *Josef Krainz* übersandte nach dessen Tod im Jahre 1875 *Leopold Pfaff* die Unterlagen des Verstorbenen „mit dem Ersuchen, zu prüfen, ob und inwiefern dasselbe zur Veröffentlichung geeignet sei" und „eventuell dieselbe zu veranlassen". 1885 (Band I) und 1889 (Band II) erschien dann das „System des österreichischen allgemeinen Privatrechts von Dr. Josef Krainz, hg. und redigiert von Prof. Dr. Leopold Pfaff". Ab der dritten Auflage übernahm *Pfaffs* Assistent *Armin Ehrenzweig* die Bearbeitung. Das ursprünglich lückenhafte, teilweise nur aus Schlagworten bestehende und noch stark romanistisch geprägte Krainzsche System entwickelte sich unter *Ehrenzweigs* Betreuung langsam zu einem eigenständigen Werk. Die sechste Auflage des *Krainz/Pfaff* veröffentlichte *Ehrenzweig* schließlich unter dem eigenen Namen.

Ehrenzweig selbst besorgte noch Band II/1 (Das Recht der Schuldverhältnisse [1928]) der zweiten Auflage, die sich selbst auch als 7. Auflage des von *L. Pfaff* aus dem Krainzschen Nachlaß herausgegebenen Systems bezeichnet; die zweite Auflage der übrigen Bände bearbeitete sein Sohn *Adolf Ehrenzweig* (Familien- und Erbrecht [1937], Allgemeiner Teil [1951], Sachenrecht [1957]). Von 1983 bis 1986 erschien eine unvollständige Neuauflage des Ehrenzweig. Bei den von *Mayrhofer* (Schuldrecht Allgemeiner Teil), *Schwind* (Familienrecht) und *Kralik* (Erbrecht) bearbeiteten Bänden handelt es sich aber um eigenständige Werke; die Anlehnung an *Ehrenzweig* ist als Hommage zu verstehen.

Wegen seiner jüdischen Herkunft wurde dem brillanten Juristen *Armin Ehrenzweig* jahrelang ein Ordinariat vorenthalten, was bei ihm eine tiefe Kränkung hinterließ; erst 1913 erhielt er schließlich doch einen Ruf nach Graz. Die kleingeistigen Gegner *Ehrenzweigs* sind längst vergessen, der Einfluss seines Systems wird noch lange wirken.

Klang

Im Gegensatz zu jenen, die die Kunst verstehn, selbst das Leichte schwierig erscheinen zu lassen, durchdrang Klang die Materie so, dass selbst das Schwere leicht und durchsichtig wie Kristall wurde.

Gschnitzer, Heinrich Klang – seine Bedeutung für das österreichische Privatrecht, JBl 1954, 158

Obwohl von Beruf Richter und nicht Theoretiker, war *Heinrich Klang* (1875-1954) zusammen mit *Armin Ehrenzweig* die bestimmende Figur der sogenannten „fünften Generation unter der Herrschaft des ABGB" (dazu auch *Barta*, Zivilrecht^2, 35 f). *Gschnitzer* (JBl 1954, 157) schreibt: „*Ehrenzweig* verfaßt ‚das' System, *Klang* gibt ‚den' Kommentar heraus. Beide stellen die, lange Zeit hindurch unterbrochene Verbindung von Theorie und Praxis wieder her. *Ehrenzweig* reicht von der Theorie aus der Praxis die Hand. *Klang* kommt aus der Praxis und bleibt ihr sein Leben lang verbunden, verzichtet aber nicht darauf, ihr eine saubere theoretische Grundlage zu geben." „Saubere theoretische Grundlage" erscheint etwas untertrieben, bestechen doch etwa die von *Klang* in seinem Kommentar selbst bearbeiteten Passagen durch eine ganz außergewöhnliche Präzision, Eleganz und dabei erstaunliche Einfachheit. Die wahre Kunst besteht ja darin, eine komplexe Materie allgemein begreiflich darzustellen und eine überzeugende, nachvollziehbare Lösung zu präsentieren. Dazu bedarf es eines tiefen Verständnisses, das bei *Klang* in beeindruckendem Maße vorhanden war.

Die Gesetze der Robotik

ecolex 2005, 694

Erstes: Ein Roboter darf kein menschliches Wesen verletzen, oder durch Untätigkeit gestatten, dass einem menschlichen Wesen Schaden zugefügt wird.
Zweites: Ein Roboter muss den ihm von einem Menschen gegebenen Befehlen gehorchen, es sei denn, ein solcher Befehl würde mit Regel Eins kollidieren.
Drittes: Ein Roboter muss seine Existenz beschützen, solange dieser Schutz nicht mit Regel Eins oder Zwei kollidiert.

Die drei Robotergesetze (*Asimov*, Runaround [1942])

Asimovs Gesetzesvorschlag konnte die Forschungsstelle für Europäisches Schadenersatzrecht nicht restlos überzeugen. Der Arbeitsgruppenentwurf (dazu etwa *Griss*, JBl 2005, 273; *Wilhelm*, ecolex 2005, 497) sieht allerdings in § 1305 Abs 2 ABGB die Haftung des Geschäftsherrn „für das Versagen von technischen Hilfsmitteln vor, die er gleich einem Erfüllungsgehilfen einsetzt“ (vgl auch schon *Gantner*, VR 2001, 222 mwN). Dies verdient die Zustimmung des Jedi-Councils: C-3PO und R2-D2 wird weiterhin kein Verschuldensvorwurf gemacht, *Luke Skywalker* hat allerdings für das Versagen seiner Erfüllungsdroiden einzustehen. May the force be with you!

Obi-Wan Kenobi

Das juristische Waschweib

ecolex 2005, 843

(...) kann ich mich bei der Lektüre so mancher Schriften neuerer Autoren nicht des Verdachtes erwehren, daß dieselben nicht von ihnen selber herrühren, sondern daß ein verwünschtes altes Waschweib in unserer Literatur sein Unwesen treibt. (...) Könnten sie nicht die juristische Gesellschaft in Berlin veranlassen, aufs Einfangen des juristischen Waschweibs, das unter dem Namen juristischer Schriftsteller ihr Spiel treibt, eine Prämie zu setzen?

Jhering, Scherz und Ernst in der Jurisprudenz (1884) 98

Ob das Waschweib noch immer umgeht, sei dahingestellt. Angesichts einer jüngst in dieser Zeitschrift veröffentlichten Anmerkung zu einem Entwurf eines neuen Schadenersatzrechts (ecolex 2005, 694; siehe oben S 38) können sich jedenfalls – wie man hört – manche des Verdachtes nicht erwehren, dass ein kleiner Assistent unter dem Namen eines ehrwürdigen Jedi-Ritters im *ecolex* sein Spiel treibt.

Anmerkung: Die Glosse auf der vorherigen Seite wurde im *ecolex* unter dem Namen *Obi-Wan Kenobi* veröffentlicht, was unter den älteren Lesern, die oft mit dem Werk von *George Lucas* nicht vertraut sind, einige Verwirrung stiftete.

Napoleon und die Auslegung

ecolex 2005, 770

Il faut couper les langues des avocats.
(Man muss den Anwälten die Zunge abschneiden.)

Napoleon

Dies soll *Bonaparte* einem spitzfindigen Juristen entgegengehalten haben, als dieser ihm die wahre Bedeutung einer Bestimmung des *Code Civil* erklären wollte. Die Anmaßung, dass Juristen seinen in Gesetz gegossenen Willen auszulegen wagten, versetzte ihn in Zorn. (*Napoleon* prägte den *Code Civil* maßgebend; die meisten Sitzungen des *Conseil d'Etat* standen unter seiner persönlichen Leitung.) Als ihm später auf Elba der erste Kommentar zum *Code Civil* präsentiert wurde, meinte er nur noch resignierend: „*Mon Code est perdu.*" (Dazu etwa *Hirsch*, Berliner Anwaltsblatt 2004, 610) Die Anekdote offenbart nicht nur die damalige Sichtweise des Verhältnisses zwischen der ersten und der dritten Staatsgewalt, sie kündigt auch schon ein großes Problem der Methodenlehre im 19. und 20. Jahrhundert an: Kommt dem Willen des historischen Gesetzgebers (subjektive Theorie) oder dem normativen Gesetzessinn (objektive Theorie) der Vorrang bei der Auslegung zu? Den Sieg trug – trotz verschiedener Nuancierung – die objektive Theorie davon. Der historische Wille des Gesetzgebers ist als wesentlicher Aspekt bei der Auslegung zu berücksichtigen, hat allerdings im Kollisionsfall objektiv-teleologischen Kriterien zu weichen (siehe dazu etwa *Larenz/Canaris*, Methodenlehre[3], 137 ff). Mag der Kaiser im Invalidendom auch rotieren: Das Gesetz kann klüger sein als sein Verfasser (*Radbruch*, Rechtsphilosophie[8], 207).

Exners Begeisterung

Es wird behauptet, dass alle diejenigen, die nicht wissen, was sie werden wollen, Juristen werden. Ich für meinen Teil bin ein überzeugter und begeisterter Jurist. Wenn ich noch zehnmal auf die Welt käme, ich würde noch zehnmal Jurist werden. Die Leute, die sagen, der Naturforscher alleine habe es zu tun mit den ewigen Gesetzen der Welt, und der Jurist aber mit den miserablen, vergänglichen, immer wieder abgeschafften Produkten einer höchst zweifelhaften Gesetzgebungsmaschine, wissen eben nicht, dass Kenntnis der Gesetze noch lange nicht Jurisprudenz ist.

Exner (zitiert nach dem Wissenschaftskalender der Österreichischen Akademie der Wissenschaften, 10. September)

Der *Unger*-Schüler *Adolf Exner* (1841–1894) – *Jherings* Nachfolger in Wien – war wegen seines lebendig-geistreichen Vortrags und wohl auch wegen der Begeisterung für sein Fach bei den Studenten äußerst beliebt. *Hoyer* (in *Brauneder*, Juristen in Österreich [1987] 206) schreibt über sein wissenschaftliches Werk: „Hervorstechendes Kennzeichen Exnerscher Arbeit war es, nur selbsterarbeitete Früchte zu publizieren." *Hoyer* spielt damit nicht auf die heute noch verbreitete Unsitte einiger Professoren an, sich unter Missbrauch ihrer Position an den geistigen Früchten ihrer Assistenten zu bereichern (diesen wird in der Regel lediglich im Vorwort gönnerhaft für „Vorarbeiten und die Erstellung der Register" gedankt; erstaunlicherweise glaubt so mancher Professor, spätestens wenn er seinen Namen auf dem fertigen Werk liest, sogar selbst, dass es aus seiner eigenen Feder stammt); gemeint ist vielmehr, dass *Exner* keine systematische Darstellung des Zivilrechts verfasste, sondern ausschließlich auf eigenen Überlegungen basierende Publikationen hervorbrachte.

Exner

Über die Studenten

Wer nicht neugierig ist, ist kein Student. Bei uns freilich in Österreich heißt auch der Primaner Student. Wieder ein Mißbrauch! In Österreich haben eben alle Worte einen höheren Klang. Jeder Kellner nennt Sie „Baron“, und jeder Bürgerschullehrer nennt sich „Professor“ und jeder Primaner nennt sich Student ... Also nochmals, Student ist derjenige, der durch Wißbegierde getrieben ist, nach verschiedenen Seiten hin sich zu versenken. Tun Sie das, und sie werden Ihre Zeit nicht verloren haben, selbst wenn Ihre Prüfungen minder gut ausfallen.

Exner in einer Antrittsvorlesung (zitiert nach dem Wissenschaftskalender der Österreichischen Akademie der Wissenschaften, 10. September [Online-Version])

Spätestens seit *Orwell* ist bekannt, dass Worte nicht nur austauschbare Bezeichnungen für Dinge sind, sondern dass die Sprache auch der Umgestaltung des menschlichen Denkens dienen kann und somit Einfluss auf die Konstruktion der Wirklichkeit hat. *Newspeak* macht auch vor der Universität nicht halt, wie die Wörter „Studierende“ und „Dienstleistungsuniversität“ zeigen. Hinter diesen neuen Prägungen steckt das lobenswerte Bestreben, weibliche Studenten nicht zu diskriminieren und zum Ausdruck zu bringen, dass sich die Damen und Herren Professoren auch um die Lehre zu bemühen haben, sie machen aber einen verheerenden Eindruck, der durchaus dem Zeitgeist entspricht: Das Studium wird zur Kosmetikdienstleistung für den Lebenslauf degradiert; dazu passend werden die Studenten durch ein Technokratenwort herabgesetzt. Wer will schon bloßer Konsument einer Ausbildungsdienstleistung sein, wenn er doch – ganz altmodisch – Student im Exnerschen Sinn sein könnte.

Wider den Materialienkult

RdW 2007, 203

Endlich ist es ein Irrthum zu glauben, die Urheber eines Gesetzbuches hätten die sicherste Kenntniß von seinem Inhalt.

Pfaff/Hofmann, Commentar zum österreichischen allgemeinen bürgerlichen Gesetzbuche, Band I (1877) X

Pfaff und *Hofmann* waren die Ersten, die sich eingehend mit den Materialien zum ABGB beschäftigten. Die Begründer der historischen Interpretation in der österreichischen Zivilrechtswissenschaft weisen allerdings auch darauf hin, dass selbst ein vortrefflicher Legist wie *Zeiller* oft unzutreffende Vorstellungen von seinem ABGB hatte, und warnen vor einer unkritischen Materialiengläubigkeit. Diese Warnung scheint vergessen. Heute wird im juristischen Diskurs ein regelrechter Materialienkult betrieben und die Auslegung der Gesetze verkommt oft zur Exegese der Erläuternden Bemerkungen. Die Materialien liefern zwar wertvolle Hinweise zur Ermittlung des Gesetzessinns, sie sind aber nicht selbst Gesetz. Maßgebend für die Interpretation ist letzten Endes nicht die subjektive Vorstellung der am Gesetzgebungsverfahren Beteiligten, sondern der im Gesetz selbst zum Ausdruck kommende objektivierte Wille des Gesetzgebers – „der im Gesetz innewohnende Gedanke" (*Savigny*). So formuliert der (inzwischen ehemalige) Präsident des BGH prägnant (*Hirsch*, Berliner Anwaltsblatt 2004, 612): „Es geht nicht darum, was sich der ‚Gesetzgeber' – wer auch immer das sein mag – beim Erlass des Gesetzes ‚gedacht hat', sondern darum, was er vernünftigerweise gewollt haben sollte." In *Pfaff/Hofmanns* Zitat ist allerdings nicht die Aufforderung zu lesen, sich leichtsinnig über die Materialien hinwegzusetzen. Denn man glaubt es kaum: Nicht nur die Legisten, auch die Theorie kann irren.

Anmerkung: Argumentum ad Canarem (dazu S 95): „Diese (Anm: die Gesetzesmaterialien) sind anerkanntermaßen nur eines unter mehreren Auslegungsmitteln und müssen demgemäß zurücktreten, wenn (...) gravierende objektiv-teleologische und systematische Gesichtspunkte für die Gegenansicht sprechen und diese mit dem Wortlaut des Gesetzes vereinbar ist. Keinesfalls kann es angehen, Torheiten der Ministerialbürokratie auf dem Umweg über die Gesetzesbegründung zum geltenden Recht zu erheben." (*Canaris*, Handelsrecht[24] [2006] § 5 Rz 52)

Getretner Quark wird breit, nicht stark

RdW 2007, 526

Die Kürze besteht demnach in Vermeidung alles Überflüssigen: das ist alles desjenigen, was hinweg bleiben kann, ohne daß von Seiten des Gegenstandes etwas vermißt, ohne daß die Absicht minder erreicht werde.

Sonnenfels, Über den Geschäftsstyl[4] (1820) 39

Über den Geschäftsstyl ist eine stilistische Anleitung für angehende Beamte, verfasst von *Sonnenfels*, dem offiziellen Staatsstilisten des späten 18. und frühen 19. Jahrhunderts (siehe dazu RdW 2006, 551 [oben S 20]), jener Epoche, der die Verständlichkeit des Rechts ein besonderes Anliegen war. Die Vermeidung von langatmiger Geschwätzigkeit – eigentlich ein Gebot der Höflichkeit gegenüber dem Leser – ist nicht mehr in Mode, vielleicht nicht zuletzt deshalb, weil der Wert von wissenschaftlichen Publikationen heute oft nach deren Umfang beurteilt wird. Um die Werke nach ihrem Inhalt beurteilen zu können, müsste man sie ja auch lesen.

Zeitschriftenranking

für das ecolex bestimmt

... und es gehört bekanntlich Nichts dazu, sie (Anm: eine juristische Abhandlung) in irgend einer unserer gemeinrechtlichen juristischen Zeitschriften zum Druck zu bringen; nimmt das Archiv für civilistische Praxis sie nicht, so nimmt sie das für praktische Rechtswissenschaft; weist von den beiden Dioskuren-Jahrbüchern: den Jahrbüchern von Gerber und Jhering und dem Jahrbuch von Bekker und Muther, das eine sie zurück, so bleibt immer noch das andere, und reißen alle Stricke, so ist schließlich noch die Zeitschrift für Zivilrecht und Prozeß übrig, die das Opus sicherlich nicht ausschlägt, da jeder Beitrag zu derselben ungesehen und ungelesen in die Druckerei wandert – ein Unterkommen für Obdachlose, in dem Jeder Aufnahme findet.

Jhering, Scherz und Ernst in der Jurisprudenz (1884) 66

Da auch heute (fast) jeder juristische Aufsatz zur Publikation gelangt, besteht der Plan, zur Evaluierung des wissenschaftlichen Outputs von Instituten und Einzelpersonen juristische Zeitschriften einem Ranking (A+, A, B, C, und D) zu unterziehen. Diese oberflächlich an den Naturwissenschaften orientierte Vorgehensweise stößt für die Rechtswissenschaft auf starke Bedenken.

JBl, ecolex, RdW etc sind nicht mit *Nature* oder *Science* vergleichbar. Wer in den naturwissenschaftlichen *top journals* publizieren will, muss ein aufwendiges – oft anonymisiertes – Peer-Review-Verfahren über sich ergehen lassen (nur ein kleiner Bruchteil der eingesandten Artikel wird zur Veröffentlichung ausgewählt). Ein derartig institutionalisiertes Ausleseverfahren findet bei juristischen Zeitschriften in Österreich bekanntlich nicht statt, vielmehr wird mehr oder weniger alles genommen, um die vielen Seiten der zahlreichen Zeitschriften zu füllen; mit dem Ergebnis, dass das meiste mittelmäßig, vieles schlecht und manches ausgezeichnet ist. Alle Beteiligten wissen: Es kommt nicht darauf an wo, sondern was jemand schreibt.

Auf Bedenken stößt auch, dass in erster Linie international orientierte Zeitschriften ein hohes Ranking erhalten sollen. Naturgemäß werden nämlich

Abhandlungen zum österreichischen Zivilrecht in österreichischen Zeitschriften publiziert und stoßen im Ausland eher selten auf rasendes Interesse.
Es sei auch darauf hingewiesen, dass das Ranking der naturwissenschaftlichen Zeitschriften nach dem so genannten *impact factor* erfolgt. Hoch bewertet werden jene Zeitschriften, die oft zitiert werden. (Unter diesem Gesichtspunkt erscheint das Ansinnen völlig abwegig, Zeitschriften, die regelmäßig vom Obersten Gerichtshof zitiert werden, schlechter als mit A zu bewerten.) Das Ranking der juristischen Zeitschriften soll hingegen offenbar unabhängig von objektiven Kriterien nach dem persönlichen Geschmack der Ersteller erfolgen. Die Bewertung der Zeitschriften – das Ergebnis eines Machtkampfes – wird wohl kaum Auskunft über die Qualität eines Aufsatzes geben. Mögen die Autoren auch weiterhin mit ihren Argumenten und nicht durch das Ranking ihres Publikationsorgans überzeugen.

PS: Der Autor dieser Zeilen – ständiger Mitarbeiter dieser Zeitschrift – spricht sich nach reiflicher Überlegung für die Bewertung des *ecolex* mit A+ aus.

Anmerkung: Die These, dass auch heute so gut wie alles zur Publikation gelangt, erwies sich als etwas vorschnell; dieser Beitrag wurde vom Schriftleiter des *ecolex* zurückgewiesen.

Windscheid und Jhering

Jurisprudenz, das heißt Pandekten, Pandekten, das heißt Windscheid.

zeitgenössischer Ausspruch über *Bernhard Windscheid*

Bernhard Windscheid war neben *Rudolf von Jhering* der wohl bedeutendste Zivilrechtler der zweiten Hälfte des 19. Jahrhunderts im deutschen Sprachraum. Obwohl von unterschiedlichem, ja geradezu gegensätzlichen Charakter und juristischem Temperament, verband die beiden eine enge Freundschaft.

Jhering war ein Genussmensch mit feurigem Temperament, leidenschaftlich, aufbrausend, ein Freund von Scherz und Satire. Sein Denken zeichnete sich durch beeindruckende Originalität aus, seine Vorlesungen waren Ereignisse. Seinem Naturell entsprechend unterliefen ihm aber durchaus manchmal Fehler, auch ließ er sich mitunter zu unsachlicher Polemik hinreißen. *Jhering* polarisierte; er hatte glühende Verehrer und erbitterte Gegner.

Der asketische *Windscheid* hingegen war ausgleichend, zurückhaltend und abwägend. Sein Werk ist weniger von sprühender Originalität als von der Systematisierung des Denkgebäudes und von großer Genauigkeit geprägt. Sein Lehrbuch des Pandektenrechts gilt als krönender Abschluss der Jahrhunderte währenden Beschäftigung mit dem *corpus iuris*. Sein Vortrag war allerdings „mehr tief als lebendig“ – mit anderen Worten: stinklangweilig.

Jhering verdanken wir die Grundlagen der modernen Methodenlehre; *Windscheid* prägte mit seinem Lehrbuch des Pandektenrechts ganz wesentlich das BGB. Die beiden stehen mit ihren Vorzügen und Schwächen fast prototypisch für zwei ganz unterschiedliche Arten von Rechtsgelehrten. Ihre Freundschaft und gegenseitige Wertschätzung zeugen von Toleranz und Weisheit.

Schwert und Waage

ecolex 2006, 32

Das Schwert ohne die Wage ist die nackte Gewalt, die Wage ohne das Schwert die Ohnmacht des Rechts. Beide gehören zusammen, und ein vollkommener Rechtszustand herrscht nur da, wo die Kraft, mit der die Gerechtigkeit das Schwert führt, der Geschicklichkeit gleich kommt, mit der sie die Wage handhabt.

Jhering, Der Kampf um's Recht3 (1873) 22 f

In der Entscheidung *Brown v Board of Education* (347 U.S. 483 [1954]) sprach der *Supreme Court* der Vereinigten Staaten die Verfassungswidrigkeit der Rassentrennung in Schulen aus. 1957 widersetzte sich der Gouverneur von Arkansas, *Orval Faubus*, dem Höchstgericht und versuchte, mit Hilfe der *National Guard* die Rassenintegration zu verhindern. Präsident *Eisenhower* entsandte daraufhin die *101st Airborne Division*, um sicherzustellen, dass neun schwarze Schüler die *Little Rock Central High School* betreten können. Auch in Österreich wird sich der Rechtsstaat daran messen lassen müssen, inwiefern es ihm gelingt, den Erkenntnissen seines Höchstgerichts zum Durchbruch zu verhelfen.

Anmerkung: Die Glosse wurde vor dem Hintergrund des Kärntner Ortstafelstreits verfasst.

Justitia (nach Lucas Cranach dem Älteren)

Die österreichische Wurzel der amerikanischen class action

ecolex 2006, 129

Franz Klein, the architect of one of Europe's best codes of civil procedures, likened a legal controversy to a social ill. As he put it, procedure performs the role of a physician who diagnoses the illness and prescribes the cure as a social service for the good of society as well as the individual litigants. If, indeed, a legal controversy is a social ill, then the class action provides a mass cure for an ill which has assumed endemic proportions, posing a threat to the health of society.

Homburger, State class actions and the federal rule, Columbia Law Review 1971, 641

Bei der *class action* wird eine große Anzahl von Klägern oder auch Beklagten durch Repräsentanten vor Gericht vertreten. Bemerkenswert daran ist, dass ein Anwalt (vom Gericht) mit der Vertretung einer großen Gruppe (Klasse) betraut wird, deren Mitglieder nicht aktiv am Verfahren teilnehmen und die im Extremfall gar nichts vom Verfahren wissen. Das Urteil entfaltet für die Mitglieder der Klasse Rechtskraft, also auch für jene, die nicht aktiv am Verfahren beteiligt waren.

In der seit einiger Zeit geführten Diskussion über eine „Sammelklage nach österreichischem Recht" wird die *class action* meist als amerikanisches Spezifikum betrachtet und als mit den Prinzipien des österreichischen Zivilprozesses in unüberbrückbarem Widerspruch stehend bewertet. Die *class action* ist allerdings – wenn auch nur mit eingeschränktem Anwendungsbereich und nur noch geringerer praktischer Bedeutung – in Form der Klage nach dem Kuratorengesetz von 1874 schon seit langem Teil der österreichischen Rechtsordnung. Es handelt sich dabei um eine echte *class action*, also um eine Klage, bei der der Kläger für mehrere Personen einen Rechtsstreit mit Rechtswirkungen für diese führt, obwohl sie nicht Verfahrenspartei sind (siehe *Kalss*, Anlegerinteressen [2001] 410). Das Kuratorengesetz war wahrscheinlich sogar ein Vorbild für die moderne *class action* in den USA.

Das *common law* geht ebenso wie die ZPO vom zweiseitigen Parteienprozess aus und sieht die Verhandlung fremder Ansprüche nicht vor. Da die *class action* eine starke Rolle des Richters verlangt, passt sie eigentlich noch weniger zum amerikanischen *adversary system* als zum österreichischen Zivilprozess, in dem die Rolle des Richters aktiver gestaltet ist als in den USA. Die Ursprünge der *class action* liegen im englischen *equity law* des 17. Jahrhunderts, ihre moderne Form erhielt sie aber erst bedeutend später: 1966 wurde die *class action* nach dem Vorbild eines Gesetzesvorschlages für den *Practice Act* des Staates New York bundesweit geregelt. Der New Yorker Vorschlag basierte auf einem Entwurf von *Adolf Homburger* (1905–1978), der vor seiner Flucht vor den Nationalsozialisten Rechtsanwalt in Wien war (seine Kanzlei befand sich in der Herrengasse). Nach dem Studium des amerikanischen Rechts an der *Buffalo Law School*, wo übrigens auch *Homburgers* ehemaliger Wiener Universitätslehrer *Arthur Lenhoff* (Bearbeiter des Ehe- und Ehegüterrechts in der ersten Auflage des Klang Kommentars) unterrichtete, wurde er Rechtsanwalt in Buffalo, später Professor an der *Buffalo Law School*. Nicht nur der Verweis auf *Franz Klein* offenbart die Verbindung zum österreichischen Recht. *Homburgers* Sohn berichtet, dass sein Vater bei der Gestaltung der *class action* eine Regelung des österreichischen Rechts vor Augen hatte. Wahrscheinlich das Kuratorengesetz. Weitere Nachforschungen sind notwendig.

Vom Beruf unserer Zeit für Gesetzgebung

RdW 2007, 331

Eurer Majestät verdanken die Deutschen Provinzen des Oesterreichischen Kaiserthums (...) die große Wohlthat eines einheimischen allgemeinen Civil-Codex, wodurch der Bürger über seine und seiner Mitbürger Rechte und Rechtspflichten belehrt, die Streitsucht beschränkt, und die Willkür immer aus den Gerichtshöfen verbannt werden soll.

Zeiller, Commentar über das allgemeine bürgerliche Gesetzbuch, Band I (1811) V ff

Auch wenn in Zweifel gezogen werden kann, dass unser Gesetzbuch wirklich die Streitsucht beschränkt hat, erfahren das ABGB und seine Verfasser von heimischen Juristen heute eine Verehrung, die man im 19. Jahrhundert nicht für möglich gehalten hätte. Die Wertschätzung, die unserem Gesetzbuch entgegengebracht wird, steht aber in einem merkwürdigen Gegensatz zu seinem gegenwärtigen Zustand der Verwahrlosung.

Das von Rechtsprechung und Lehre aus dem ABGB gewonnene Zivilrecht ist für den unbefangenen Gesetzesleser oft nicht einmal mehr in Ansätzen erkennbar. Ohne Lektüre von Lehrbüchern und Kommentaren gewinnt er oft nicht nur einen ungenauen, sondern einen völlig falschen Eindruck von der Rechtslage. Nun kann man einwenden, dass die naturrechtlich geprägten Vorstellungen der Gesetzesverfasser von einer Kodifikation naiv waren (siehe etwa RdW 2006, 624 [S 23]) und sich das Zivilrecht in seiner Komplexität gar nicht allgemein verständlich darstellen lässt. Unbestreitbar sollte der Gesetzestext aber das Erfassen der Rechtslage nicht erschweren. Wer den Gedanken aufgibt, dass sich das geltende Recht möglichst klar aus dem Gesetz ergeben soll, gibt einen der Grundgedanken des ABGB auf. So widerspricht es den Vorstellungen *Zeillers* und *Martinis* zutiefst, dass sich etwa das geltende Schadenersatzrecht aus dem Gesetzeswortlaut nicht einmal erahnen lässt (eine Neufassung ist daher jedenfalls zu begrüßen), dass das Stellvertretungsrecht nicht einmal zwischen Auftrag und Vollmacht unterscheidet und damit in unüberbrückbaren Widerspruch zu Rechtsprechung und Lehre steht oder dass § 943 ABGB für den Schenkungsvertrag ohne wirkliche Übergabe noch immer die Schriftform verlangt, obwohl der Bestimmung schon seit langem derogiert wird und ein Notariatsakt Gültigkeitsvoraussetzung ist.

Von Respekt gegenüber den Verfassern des ABGB und ihrem Werk zeugt nicht die blinde Verehrung, sondern die Weiterführung der Arbeit in ihrem Geist. Die 200-Jahrfeier unseres Gesetzbuches wäre ein würdiger Anlass, das ABGB mit Fingerspitzengefühl restauriert in neuem Glanz erstrahlen zu lassen.

Constitutio Tanta

Hoc autem, quod et ab initio nobis visum est, cum hoc opus fieri deo adnuente mandabamus, tempestivum nobis videtur et in praesenti sancire, ut nemo neque eorum, qui in praesenti iuris peritiam habent, nec qui postea fuerint audeat commentarios isdem legibus adnectere (...) Alias autem legume interpretationes, immo magis perversiones eos iactare non concedimus, ne verbositas eorum aliquid legibus nostris adferat ex confusione dedecus. (...) Si quid autem tale facere ausi fuerint, ipsi quidem falsitatis rei constituantur, volumina autem eorum omnimodo corrumpentur. Si quid vero, ut supra dictum est, ambiguum fuerit visum, hoc ad imperiale culmen per iudices referatur et ex auctoritate Augusta manifestetur, cui soli concessum est leges et condere et interpretari.
(Es erscheint uns angebracht, was uns auch schon am Anfang richtig erschienen ist, als wir dieses Werk mit Gottes Beistand in Auftrag gegeben haben, auch jetzt noch einmal gesetzlich zu bekräftigen, dass nämlich niemand es wage – weder diejenigen, die gegenwärtig über Gelehrsamkeit verfügen noch diejenigen, die später in deren Besitz gelangen –, diesen Rechtssätzen Kommentare hinzuzufügen. (...) Dass sie sich aber darüber hinaus mit Auslegung oder – viel besser gesagt – mit Verdrehungen des Rechts brüsten, gestatten wir nicht, damit nicht ihre Geschwätzigkeit unsere Rechtsätze durch Verwirrung entehre. (...) Sollte aber jemand einmal etwas derartiges wagen, wird er selbst wegen Urkundenfälschung angeklagt; seine Schriften aber werden in jedem Fall vernichtet. Sollte dagegen etwas, wie oben beschrieben, als zweifelhaft erscheinen, dann ist das von den Richtern der kaiserlichen Hoheit selbst vorzulegen und die Frage daraufhin kraft der kaiserlichen Rechtssetzungsgewalt zu klären, der allein es erlaubt ist, Recht zu setzten und auszulegen.)[1]

Constitutio Tanta § 21 (= C 1, 17, 2, 21)

Von den Glossatoren bis zu den Pandektisten bemühten sich Generationen von Juristen um die präzise Auslegung des *corpus iuris*. Nur das Verbot der juristischen Schriftstellerei wurde dabei geflissentlich übergangen[2]. Zu dieser eigennützigen Flexibilität schreibt *Jhering* (Scherz und Ernst in der Jurisprudenz [1884] 105): „Warum ist denn nie einer von den vielen starrköpfigen Romanisten, die jeden Buchstaben im *corpus iuris* aufrecht erhalten wollen, auf die Idee gekommen, die obige Strafbestimmung von Justinian für gültig zu erklären und den alten *Glück* oder *Savigny* oder *Puchta* als Falsarius zu denunciren? Aber da hapert es plötzlich mit der Gesetzlichkeit – wer hackt sich selber die Finger ab?“

---

[1] Übersetzung von *Behrends* in *Behrends/Knütel/Kupisch/Seiler* (Hrsg), Corpus Iuris Civilis II 87 f.

[2] Die oben zitierte Bestimmung (siehe auch C 1, 17, 1, 12) wird ganz überwiegend als ein allgemeines Kommentierverbot verstanden. Neuerdings wird allerdings auch vertreten, das Gesetz habe sich lediglich auf das Schreiben von Kommentaren in die Gesetzbücher selbst bezogen (dazu etwa *Waldstein/Rainer*, Römische Rechtsgeschichte[10], 252 mwN).

Ökonomische Analyse des römischen Rechts

Placuit omnes, quorum interfuisset iacturam fieri, conferre oportere quia id tributum observatae res deberent. (...) Iacturae summam pro rerum pretio distribui oportet.
(Es hat sich die Meinung durchgesetzt, dass alle, die ein Interesse daran hatten, dass der Seewurf vorgenommen wurde, [zum Schadensausgleich] beisteuern müssen, weil die auf diese Weise geretteten Sachen einen Betrag schuldeten. [...] Der Schadensbetrag muss entsprechend dem Geldwerte der [geretteten] Sachen aufgeteilt werden.)[1]

D 14, 2, 2, 2 (De lege Rhodia de iactu)

Die aus den Vereinigten Staaten stammende ökonomische Analyse des Rechts betrachtet es als legitime und notwendige Aufgabe der Rechtswissenschaft, rechtliche Regelungen danach zu beurteilen, in welchem Maße sie die Verschwendung von Ressourcen verhindern und damit die Effizienz erhöhen (siehe *Schäfer/Ott*, Lehrbuch der ökonomischen Analyse des Zivilrechts^4 [2005] 1). Für manche ist sie der Hebel, mit dem sie das traditionelle Zivilrecht aus den Angeln heben wollen, andere verdammen sie als unjuristisch. Die ökonomische Analyse ist aber – wenn sie nicht mit dem manchmal vertretenen Ausschließlichkeitsanspruch auftritt und die *lex lata*-Grenze respektiert – nicht so revolutionär, wie sie scheint, stehen doch hinter zivilrechtlichen Normen seit jeher (auch) Effizienzüberlegungen[2]. So wirkt die *lex Rhodia de iactu* (vgl auch § 1043 ABGB) wie einem Lehrbuch der ökonomischen Analyse entnommen: Die anteilsmäßige Haftung aller Eigentümer hält den Gesamtschaden gering, weil es so möglich ist, durch den Seewurf der am wenigsten wertvollen Güter den Rest der Ladung eines in Seenot geratenen Schiffes zu retten.

---

[1] Übersetzung von *Simshäuser* in *Behrends/Knütel/Kupisch/Seiler* (Hrsg), Corpus Iuris Civilis III 207 f.
[2] Im Rahmen der teleologischen Auslegung kann die ökonomische Analyse wertvolle Beiträge liefern, um diese im Zivilrecht steckenden Effizienzüberlegungen schärfer als bisher herauszuarbeiten.

Vergangenheit, Gegenwart und Zukunft

Denn es ist eine der Wirklichkeit nicht entsprechende Auffassung, ein gegebenes Recht bloß anzusehen als etwas, was ist; es ist ein Gewordenes.

Windscheid, Die Aufgaben der Rechtswissenschaft, Leipziger Rektoratsrede vom 31. Oktober 1884, in *Oertmann* (Hrsg), Bernhard Windscheid, Gesammelte Reden und Abhandlungen (1904) 107

Es ist ein fataler Irrtum, anzunehmen, die Beschäftigung mit der Vergangenheit hätte etwas rein rückwärts Gewandtes und Fortschrittsfeindliches. Die Beschränkung auf die Gegenwart gleicht dem Standbild eines fliegenden Fußballs: Wer die Flugrichtung kennen möchte, muss wissen, woher der Ball kommt. Die Dinge historisch sehen heißt: Es gibt eine Zeit vorher, es wird eine Zeit danach geben und die Erkenntnisse der Gegenwart sind nicht absolut.

Der jeweilige Zeitgeist hingegen ist immer gestrig; er ist die Ideologie von Arrièregardisten, die sich für fortschrittlich halten. Wenn sich eine Idee schon in breiteren Schichten durchgesetzt hat, ist in Wirklichkeit schon die nächste, den herrschenden Mainstream in Frage stellende Idee aktuell.

Assistentenleid

RdW 2007, 722

Das Weisungsrecht des Dienstgebers bezieht sich nur auf solche Dienste, die der Dienstnehmer auf Grund seiner vertragl Verpflichtung bzw mangels solcher Vereinbarung im Rahmen des den Umständen nach Angemessenen zu verrichten verpflichtet ist. (...)
... ebenso wenig muss ein wissenschaftl Assistent den Kohleofen heizen od den Institutsleiter chauffieren.

Krejci in *Rummel*³ § 1153 Rz 13a

Krejcis Ausführungen, die sich auch um Katzenstreutragen und Dachbodenausräumen erweitern ließen, offenbaren auch dem naturrechtlich verblendeten Zivilrechtsassistenten die Bedeutung *Kelsens* und der Reinen Rechtslehre (2. Auflage [1960] 5): „Niemand kann leugnen, daß die Aussage: etwas ist (...) wesentlich verschieden ist von der Aussage: daß etwas sein soll (...); und daß daraus, daß etwas ist, nicht folgen kann, daß etwas sein soll, so wie daraus, daß etwas sein soll, nicht folgen kann, daß etwas ist."

Kelsen

Der frische Hauch des äußeren Lebens

RdW 2007, 400

Wirft daher ein in der Wohnung befindlicher Affe die Hauskatze zum Fenster hinaus, so haftet der Wohnungsinhaber.[1]

Welser in *Koziol/Welser,* Grundriss des bürgerlichen Rechts II[13] (2007) 366

Der von *Ehrenzweig* (Krainzsches System[4] [1905] 7) formulierte Vorwurf, dass „der reine Theoretiker, abgewendet von dem frischen Hauch der in ewigem Flusse befindlichen Verhältnisse des äußeren Lebens, so leicht das Verhältnis zwischen Hauptsache und Nebendingen umkehrt oder in der idyllischen Behaglichkeit stillen Forschens eine Beute von Anschauungen wird, die eher mit allem als mit der ‚Natur der Sache' in Übereinstimmung stehen", gehört ganz offensichtlich vergangenen Zeiten an. Heute bestechen die Lehrbücher durch Lebensnähe und Praxisbezug.

1 Das Beispiel stammt ursprünglich aus *Wolffs* Kommentierung im Klang Kommentar und findet sich seit der 11. Auflage im *Koziol/Welser.*

Stendhals Lektüre

ecolex 2006, 290

... pour prendre le ton, je lisais chaque matin deux ou trois pages du code civil ...

Stendhal in einem Brief an *Balzac*
vom 30. 10. 1840

Der *Code Civil* gilt in Frankreich als hohes Kulturgut. *Napoleon* bezeichnete ihn als seine einzige Leistung von Bestand, *Paul Valéry* als das beste Buch der französischen Literatur. Da möchte man in Österreich nicht zurückstehen. So schreibt *Welser* (Böses über die Juristen [2005] 153 f): „Das ABGB ist ein Kunstwerk, und wer viel darin liest, wird selbst zum Poeten." Nun wird vielleicht nicht jeder ABGB-Leser zu einem zweiten *Welser* oder gar *Krejci*, aber auf die Rechtskenntnis hat die Lektüre unseres Gesetzbuches jedenfalls positive Auswirkungen.

Bartolus

ecolex 2005, 916

Nemo jurista nisi bartolista.
(Wer nicht Bartolist ist, ist kein Jurist.)

Bartolus de Saxoferrato (1314–1357), Schüler des *Cinus de Pistoia* und Lehrer von *Baldus de Ubaldis*, ist vor allem für seine geistreichen – und sich teilweise weit vom Wortlaut des *corpus iuris* lösenden – Analogien bekannt. *Bartolus* errang im Laufe seines kurzen Lebens solchen Ruhm, dass seine Lehrmeinungen in Spanien und Portugal für rechtsverbindlich erklärt wurden, was wohl so manchen modernen Rechtsgelehrten vor Neid erblassen lässt. Die Professoren von heute genießen eine derartige Stellung nur in den eigenen Lehrveranstaltungen.

BARTOLI

Ein Riese der Rechtsgelehrsamkeit

ecolex 2005, 374

... was leicht und einfach zu entscheiden war, ist auf diese Weise durch alberne, widersinnige Rechtsanwendung durch die abgeschmackten Ansichten eines Accursius, Baldus, Bartolus, de Castro, de Imola, Hippolytus, Panormus, Bertachin, Alexander, Curtius und ähnlicher alter Schafsköpfe, die ganz und gar nichts von den Pandekten verstanden haben, dunkel geworden. Denn diesen guten Leuten fehlte es an allem, was zu einer richtigen Erkenntnis der Gesetze unerlässlich ist. Es ist ausgemacht, dass sie weder Griechisch noch ordentlich Lateinisch verstanden und bloß in der barbarischen gotischen Sprache zu Hause waren. (...) Wie hätten nun diese alten Dickschädel den Text der Gesetze verstehen sollen, sie, die niemals ein gutes lateinisches Buch unter die Nase bekommen haben, was man aus ihrem eigenen Stil ersieht, der mehr an einen Essenkehrer, einen Koch oder Küchenjungen als einen Rechtsgelehrten erinnert?

Rabelais, Gargantua und Pantagruel, Buch II (1532) 10. Kapitel

In *Rabelais'* Satire *Gargantua und Pantagruel* – einem Leckerbissen für Freunde derber Zoten und humanistischer Gelehrsamkeit – kommen auch die großen mittelalterlichen Juristen nicht ungeschoren davon. Dies entspricht dem damaligen französischen Zeitgeist. Die von Frankreich ausgehende humanistische Jurisprudenz (*mos gallicus*) wandte sich gegen den scholastischen Zugang der mittelalterlichen Rechtsgelehrsamkeit (*mos italicus*), der sie fehlendes philologisches Verständnis vorwarf. Ziel der humanistischen Juristen war die Rückbesinnung auf die Antike, die Wiederherstellung des Originaltextes des *corpus iuris* und dessen Verständnis in seinem historischen Kontext. Auch die griechischen Teile des *corpus* – bisher ignoriert (*graeca non leguntur*) – fanden Beachtung. Pantagruel löst den völlig absurden Rechtstreit, an dem die gelehrtesten Mitglieder der Parlamente Frankreichs und die berühmtesten Professoren siebenundvierzig Wochen vergeblich gerätselt haben, aus dem Stegreif, erntet allgemeine Bewunderung und wendet sich aufregenderen Abenteuern zu.

Ehrenzweigs Emanzipation

RdW 2008, 326

Je mehr wir vom römischen Recht bereits gelernt haben, desto weniger Anlaß haben wir, uns fortwährend mit ihm zu beschäftigen. Wer vorwärts kommen will, muss von der letzten Station aus weiter wandern, nicht immer wieder zum Ausgangspunkte zurückkehren.

Ehrenzweig im Krainzschen System, Vorwort zur 4. Auflage (1905)

Bei dem Zitat handelt es sich um keinen Reformvorschlag des Studienplans zu Lasten der historischen Fächer. *Ehrenzweig* erklärt hiermit vielmehr seine Emanzipation vom starken romanistischen Einschlag der Urfassung des Krainzschen Systems.

Mathematik für Juristen

RdW 2008, 129

Iudex non calculat.

Der Richter rechnet nicht und auch die übrigen Juristen haben oft wenig Ahnung von Mathematik, was folgendes Rätsel illustrieren soll: Wenn jeder zehntausendste Mann ohne riskante Lebensweise Aids hat und die Fehlerquote eines Aidstests 0,01% beträgt, wie hoch ist dann die Wahrscheinlichkeit, dass ein positiv Getesteter außerhalb der Risikogruppe auch wirklich Aids hat? Wer der verehrten Leser hätte sich gedacht, dass die Antwort 50% lautet? Statistisch gesehen sind unter zehntausend getesteten Personen zwei positive Aidstests: Ein wirklich Kranker und ein falsch Getesteter; nur einer von ihnen (50%) hat wirklich Aids. (Ungläubige mögen nachlesen bei *Gigerenzer*, Das Einmaleins der Skepsis[3] [2007] 175 ff [zum Folgenden 197 ff].) Das Zusammentreffen zweier Wahrscheinlichkeiten bereitet auch im juristischen Kontext Probleme. So hat die Staatsanwaltschaft im Prozess gegen *O. J. Simpson* vorgebracht, dass er erwiesenermaßen seine Ehefrau geschlagen hat, was für seine Täterschaft spreche. Die Verteidigung legte daraufhin eine Statistik vor, wonach nur ein verschwindender Teil der gewalttätigen Ehemänner ihre Frauen auch ermordet. Das beeindruckte die Jury. Die richtige Verknüpfung der beiden Wahrscheinlichkeiten spricht aber für *Simpsons* Täterschaft: Wurde eine später ermordete Frau von ihrem Ehemann geschlagen, so war er in den meisten Fällen auch der Mörder. Das beweist natürlich nicht *Simpsons* Schuld, die Statistik spricht allerdings nicht, wie von der Verteidigung vorgebracht, für seine Unschuld.

Juristenlob?

The first thing we do, let's kill all the Lawyers.

Shakespeare, Heinrich VI., 2. Teil, 4. Aufzug, 2. Szene

Manche halten das berühmte Zitat für ein verstecktes Juristenlob, da es *Shakespeare* dem Bösewicht Dick the Butcher in den Mund legt. So einfach liegt die Sache aber – wie so oft bei *Shakespeare* – nicht. Zwar sind Dick the Butcher und Jack Cade dunkle Gestalten, der Satz fällt aber, als sie gerade eine Sozialutopie entwerfen. Wie immer man *Shakespeare* hier auch verstehen will, die Stärke des Juristenstandes ist jedenfalls ein recht gutes Indiz für die Freiheit einer Gesellschaft.

Jan
Kuyper

Ein neuer ABGB-Kommentar

ecolex 2006, 214

Ein neuer Commentar zu einem seit mehr als zwei Menschenaltern geltenden, oft und ausführlich commentirten Gesetzbuch könnte den Verdacht unnützer Büchermacherei erwecken.

Pfaff/Hofmann, Commentar zum österreichischen allgemeinen bürgerlichen Gesetzbuche, Band I (1877) III

Leopold Pfaff und *Franz Hofmann* waren Schüler *Joseph Ungers*, der die historische Rechtsschule in Österreich begründete. *Unger* sammelte eine hochkarätige Anhängerschaft um sich und führte einen Paradigmenwechsel in der österreichischen Zivilrechtswissenschaft herbei, der noch heute nachwirkt. *Unger* lenkte den Blick zunächst nach Deutschland, wo die Wissenschaft große Fortschritte bei der Weiterentwicklung und Systematisierung des – auch dem ABGB zugrunde liegenden – gemeinen Rechts machte. *Pfaff* und *Hofmann* beschäftigten sich in ihrem Kommentar erstmals eingehend mit der Entstehungsgeschichte, insbesondere mit den Beratungsprotokollen des ABGB. In der Vorrede rechtfertigen die Autoren ihr Werk nicht zuletzt auch deshalb, weil die historische Schule die systematische Aufarbeitung des Stoffes propagierte und die Form des Kommentars mit der von ihr bekämpften exegetischen Jurisprudenz verbunden wurde; außerdem gab es schon damals eine nicht unbeträchtliche Zahl an Kommentaren. Zweifel an der Notwendigkeit weiterer Kommentare zum ABGB sind der heutigen Zeit hingegen fremd.

Scire leges

ecolex 2005, 188

Scire leges non hoc est verba earum tenere, sed vim ac potestatem. (Die Gesetze kennen, heißt nicht, sich an die Worte zu klammern, sondern ihren Sinn und Zweck verstehen.)

D 1, 3, 17 (*Celsus*)

Celsus gilt nicht zuletzt auch wegen seiner einprägsamen und sprichwortartigen Formulierungen als einer der bedeutendsten römischen Juristen. Von ihm stammt etwa die berühmte Definition des Rechts als *ars boni et aequi* am Beginn der Digesten und das Dictum „*Impossibilium nulla obligatio est*" (D 50, 17, 185; vgl § 878 ABGB). Seine prägnante Mahnung zur teleologischen Betrachtung ist stets aktuell und sei so manchem Meister der Begrifflichkeit ins Stammbuch geschrieben.

Der Geist des Rechts

Der Buchstabe tötet, der Geist aber macht lebendig.

2 Kor 3, 8

Etwas prosaischer formuliert diesen Gedanken § 914 ABGB: „Bei Auslegung von Verträgen ist nicht an dem buchstäblichen Sinne des Ausdrucks zu haften, sondern die Absicht der Parteien zu erforschen und der Vertrag so zu verstehen, wie es der Übung des redlichen Verkehrs entspricht." (Vgl dazu auch *Kramer*, Juristische Methodenlehre[2], 75 FN 150.)

Incivile est

RdW 2007, 755

Incivile est nisi tota lege perspecta una aliqua particula eius proposita iudicare vel respondere.
(Es ist unjuristisch, ohne das Gesetz als Ganzes zu betrachten, nach irgendeinem Teil desselben zu urteilen oder ein Gutachten zu erstellen.)

D 1, 3, 24 (*Celsus*)

Achtzehn Jahrhunderte nach *Celsus* bringt *Stammler* (Theorie der Rechtswissenschaft [1911] 24 f) die Forderung nach systematischer Interpretation ähnlich prägnant auf den Punkt: Wer einen einzelnen Paragraphen eines Gesetzes anwendet, wendet damit letztlich die ganze Rechtsordnung an.

Jherings Gage

ecolex 2005, 536

Heute ist ein Brief von Siegel als Dekan in der bewussten Angelegenheit bei mir eingetroffen. Ich habe nicht geglaubt, dass nach den exorbitanten Bedingungen, die ich gestellt hatte (: Garantie einer Einnahme von 10000 fl[orin] […]), noch ein fernerer Schritt geschehen würde …

aus dem Brief von *Jhering* an *Glaser* vom 28. Oktober 1867 (*Losano*, Der Briefwechsel Jherings mit Unger und Glaser [1996] 145)

Justiz- und Unterrichtsminister *Hye* wollte *Jhering* unbedingt für die juristische Fakultät der Universität Wien gewinnen und akzeptierte dessen geradezu unverschämte Gehaltsforderung. (Zum Vergleich: *Adolf Merkel* – nicht zu verwechseln mit dem Verfassungsrechtler *Adolf Julius Merkl* – verdiente zu dieser Zeit als Strafrechtsprofessor in Gießen lediglich 715 Gulden im Jahr [siehe *Losano*, Briefwechsel 152].) Mit 10000 Gulden (= Florin) jährlich gelang es, den juristischen Star von Gießen nach Wien zu holen. So einfach ist das mit der „Weltklasse-Uni“, Frau Minister.

Desipere in loco

Von einem neueren Juristen behauptet die Fama, daß er selbst an einem Orte, wo es einem sonst nur auf eine andere Erleichterung abgesehen ist, sich auch in literarischer Richtung Erleichterung verschaffe, gleich als müsse er an dieser für die Konsumtion der Literatur so verhängnisvollen Stelle das Gleichgewicht zwischen Konsumtion und Produktion wieder herstellen - dulce est desipere - - in loco.

Jhering, Scherz und Ernst in der Jurisprudenz (1884) 105

Der große *Jhering* war nicht nur ein Meister des geschliffenen Wortes, sondern auch ein Freund eher derber Scherze. Untypisch diskret lässt er uns hier über die Identität des Häuseljuristen im Dunklen.

Iuris prudentia

RdW 2007, 465

Iuris prudentia est divinarum atque humanarum rerum notitia, iusti atque iniusti scientia.
(Rechtswissenschaft ist die Kenntnis der göttlichen und menschlichen Dinge, die Wissenschaft vom Gerechten und Ungerechten.)

D 1, 1, 10, 2 (*Ulpian*) = Inst 1, 1, 1

Vielleicht hängt es mit dem Universalitätsanspruch der Juristerei zusammen, dass sie oft für jene besonders attraktiv ist, die sich für gar nichts interessieren. Dieses Phänomen beklagt *Windscheid* (Recht und Rechtswissenschaft – Eine Universitäts-Festrede [1854] 3 f): „... wie lehrt nicht die Erfahrung, dass bei der Wahl eines Berufes gerade das Studium des Rechtes nicht aus irgend welcher Neigung zu demselben, sondern nur deswegen gewählt wird, weil jeder andere gelehrte Beruf noch weniger gefällt!" Ihnen hält der sonst eher zurückhaltende *Windscheid* leidenschaftlich entgegen: „Ich will es den Verächtern und Spöttern und Gleichgültigen sagen, ich will es den Juristen sagen, die es angeht, ich will es namentlich auch Denjenigen sagen, die sich dem Rechte erst zu widmen beginnen (...), dass in der Welt nichts ohne Begeisterung gelingt (...)."

Hermione Granger

"Are you planning to follow a career in Magical Law, Miss Granger?" asked Scrimgeour.
"No, I'm not," retorted Hermione. "I'm hoping to do some good in the world!"

Rowling, Harry Potter and the Deathly Hallows (2007) 7. Kapitel

Harry Potters Freundin Hermione Granger kann sich wie der Schüler in Fausts Studierzimmer zur Rechtsgelehrsamkeit nicht bequemen. Manchem kommt die Erkenntnis zu spät, wie etwa meinem ehemaligen akademischen Lehrer, der bedauerte, „nichts Anständiges" gelernt zu haben, weshalb er zu einem Dasein als Professor für bürgerliches Recht gezwungen sei. Juristen zeichnen sich seiner Meinung nach dadurch aus, „dass sie nichts lesen, auch sonst völlig unkultiviert sind, nach Schweiß stinken und Alessi-Geschirr kaufen."

Erfahrungen

Es ist einmal ja so eingerichtet in der Welt, daß die Juristen und Ärzte die Erfahrungen machen und die Parteien und Patienten sie bezahlen, – damit muß man sich trösten, es kommt der Menschheit und der Wissenschaft zu Gute.

Jhering, Scherz und Ernst in der Jurisprudenz (1884) 69

Ähnliche Gedanken, wie der von *Jhering* formulierte, scheinen auch so manchen Professor der Gegenwart zu beschleichen. So schreibt *Wilhelm* (ecolex 2005, 189) vor dem Hintergrund des Zinsenstreits: „Die Hauptbeschäftigung der Zivilrechtsdogmatik besteht darin, die Fehler wieder auszumerzen, die sie vordem gemacht hat; im Umweg wieder dorthin zurückzuführen, von wo sie erst gar nicht hätte weggehen sollen. Das liegt, rechtssoziologisch betrachtet, an den vielen Professoren, die alle ihre Karriere fördern: Die einen lösen die Rechtsordnung in Elemente auf, um sie im Kaleidoskop durcheinander zu schütteln, die anderen sortieren die Trümmer und bauen den cantus firmus wieder auf – Arbeitsplatzpolitik im Wohlstand." Bezahlt wird dies alles natürlich von den Rechtssuchenden.
Manch einer erinnert sich angesichts des juristischen Fortschritts an den legendären Ausspruch Professor *Bydlinskis* nach der Lektüre eines langen und komplizierten Aufsatzes: „Jetzt bin ich genauso verwirrt wie zuvor – wenngleich auf höherem Niveau."

Montpellier

Eine Buchempfehlung

Etwas ist nicht recht, weil es Gesetz ist, sondern es muss Gesetz sein, weil es recht ist.

Montesquieu, Vom glücklichen und zufriedenen Leben, Kapitel: Vom Wesen der Gesetze (niedergeschrieben zwischen 1716 und 1755, 1941 von *Bernard Grasset* herausgegeben)

Montesquieu hat mit *De l'esprit des loix* eines der einflussreichsten juristischen Bücher geschrieben. In seinen privaten Aufzeichnungen (auf deutsch unter dem Titel *Vom glücklichen und zufriedenen Leben* veröffentlicht) geht es hauptsächlich um anderes. Hier äußert er seine Gedanken zur Lebensgestaltung, schreibt über Frauen, Frankreich und fremde Länder, äußert sich zu Geschichte, Literatur und zum Stil von Schriftstellern, merkt an, dass gravitätischer Ernst der Schild der Dummen ist, und gibt Anekdoten zum Besten. Wie etwa jene über *Heinrich IV.*, der den spanischen Gesandten gefragt haben soll, ob sein König denn Mätressen unterhalte. Der Gesandte antwortete: „Sire, mein König fürchtet Gott und achtet die Königin." Worauf *Heinrich* gesagt haben soll: „Aber ist er nicht tugendhaft genug, um sich ein Laster verzeihen zu lassen?"
Ein geistreiches Buch voll Leichtigkeit und Witz, das ich wärmstens empfehle.

Gewitterläuten

Eine Reihe trauriger Erfahrungen setzt es außer allen Zweifel, daß die durch das Glockengeläut in Bewegung gesetzten Metalle, anstatt die Gewitterwolken zu zerstreuen, vielmehr den Blitz anziehen, und die Gefahr vergrössern. Daher wird das Läuten bei einem Gewitter verboten.

Hofdekret vom 26. November 1783

Dem aufgeklärten Kaiser *Joseph II.* verdanken wir nicht nur wichtige Vorarbeiten zum ABGB (Entwurf Horten), sondern auch allerlei sonstige äußerst nützliche Gesetze. Auch wenn die These, dass bewegte Metalle den Blitz stärker anziehen als unbewegte, einer naturwissenschaftlichen Überprüfung nicht standhält, so zeigt sich doch, dass auch aus den falschen Gründen das Richtige angeordnet werden kann, hat das Hofdekret vom 26. November 1783 doch vielleicht so manchen Glöckner vor Blitzschlag bewahrt.

Friedrich und die Juristen

RdW 2008, 73

Wenn Ich (...) Meinen Endzweck (...) erlange, so werden freylich viele Rechtsgelehrten bey der Simplifikation dieser Sache ihr geheimnisvolles Ansehen verlieren, um ihren ganzen Subtilitäten-Kram gebracht, und das ganze Corps der bisherigen Advocaten unnütz werden. Allein ich werde dagegen (...) desto mehr geschickte Kaufleute, Fabrikanten und Künstler gewärtigen können, von welchen sich der Staat mehr Nutzen zu versprechen hat.

Cabinetsordre *Friedrichs II.* von 1780 S XII. XIII. (zitiert nach *Savigny,* Vom Beruf unserer Zeit für Gesetzgebung und Rechtswissenschaft [1814] 88 FN 1)

Die Cabinetsordre *Friedrichs des Großen* entspricht dem Zeitgeist der Aufklärung. Ziel war die für jedermann verständliche Kodifizierung des Rechts und in letzter Konsequenz sogar die Abschaffung des zwischen Gesetz und Bürger vermittelnden Juristenstandes. Aus *Friedrich* spricht aber auch das Unbehagen des absoluten Herrschers über die Einengung seiner Macht durch Juristen. In diese Kerbe schlägt die Legende des Müllers von Sanssouci: Friedrich soll sich durch das Geklapper der Mühlenflügel gestört gefühlt und dem Müller *Johann Wilhelm Grävenitz* den Kauf der Mühle angeboten haben. Als dieser sich weigerte, soll der König gedroht haben: „Weiß Er denn nicht, dass ich Ihm kraft meiner königlichen Macht die Mühle wegnehmen kann, ohne auch nur einen Groschen dafür zu bezahlen?“ Darauf soll der Müller geantwortet haben: „Gewiss, Euer Majestät, das könnten Euer Majestät wohl tun, wenn es – mit Verlaub gesagt – nicht das Kammergericht in Berlin gäbe.“

Rabel
2008

Unter den Linden

Ich mache gern beim Habel Rast, weil diesen Ort der Rabel hasst.

Martin Wolff zugeschrieben

Beim „Habel" handelt es sich um ein berühmtes Weinlokal Unter den Linden; *Martin Wolff* war neben *Ernst Rabel* der andere bedeutende Privatrechtler im Berlin der 1920er und 30er-Jahre. Dass sich Professoren desselben Fachgebiets oft lieber aus dem Weg gehen, ist uns auch in Wien nicht ganz unbekannt.

ANDREAS ALCIATUS

Respondere

RdW 2007, 146

Iura novit curia.

Das Gericht kennt das Recht, die Parteien müssen daher prinzipiell keine Rechtsausführung machen, sondern nur den Sachverhalt vortragen (*da mihi factum, dabo tibi ius*). Dessen ungeachtet empfehlen sich vor Gericht aber auch rechtliche Ausführungen, wozu man seit jeher auch bisweilen das Gutachten eines Rechtsgelehrten bemüht. Zu den Aufgaben des Juristen zählten die Römer neben *agere* (Beistand im Prozess) und *cavere* (Kautelarjurisprudenz) eben auch *respondere* (also das Erstellen von Rechtsgutachten). Die Erstellung von Rechtsgutachten – im alten Rom noch unentgeltlich – entwickelte sich im Laufe des Mittelalters zu einem einträglichen Geschäft. Berühmt für seine Gutachten war der Begründer der humanistischen Jurisprudenz *Andreas Alciatus* (1492–1550). Um seinen wissenschaftlichen Ruf nicht zu gefährden, verhinderte er aber deren Publikation mit dem Hinweis der Parteilichkeit. *Alciatus*‘ Verhalten löste eine Diskussion aus, die heute wieder aufzuflammen scheint (jüngst *Psenner*, Vom Wert und Unwert privater (Rechts-)Gutachten, RdW 2005, 607; dagegen *Krejci*, Über den Wert von Rechtsgutachten, RdW 2006, 12). In der Entscheidung 2 Ob 235/05f äußerte sich der OGH kürzlich wie folgt: „Die Parteien haben in dieser Rechtssache gleich sechs verschiedene, einander teilweise widersprechende private Rechtsgutachten (der Professoren *Fasching, Krejci, Öhlinger, Vonkilch, Welser* und *Wilhelm* [...]) vorgelegt. Eine solche Vorlage mag zulässig sein (vgl RIS-Justiz RS0041743, RS0043585), der Oberste Gerichtshof ist aber nicht verpflichtet, auf derartige Auftragswerke im Einzelnen einzugehen. Es gilt der Grundsatz: iura novit curia.“

Swifts Blick auf die Juristen

Außerdem verfügt diese Kaste über einen besonderen Jargon, den außer ihnen niemand versteht und in dem auch ihre Gesetzbücher abgefaßt sind, die sie mit immer mehr Gesetzen zu vergrößern suchen. Es ist ihnen dadurch gelungen, Wahrheit und Lüge, Recht und Unrecht dermaßen durcheinanderzubringen, daß sie dreißig Jahre benötigen, um eine Entscheidung darüber zu fällen, ob das mir von meinen Vorfahren durch sechs Generationen vererbte Feld mir gehören soll oder einem Fremden, der dreihundert Meilen weit weg wohnt.

Swift, Gullivers Reisen (1726) 4. Teil, 5. Kapitel

Gesetze sollen verständlich abgefasst sein – *ius est ars boni et aequi – justice delayed is justice denied*. Der Zerrspiegel, den *Jonathan Swift* den Juristen vorhält, offenbart, dass die Jurisprudenz die Ansprüche, die sie an sich selbst stellt, in den Augen Dritter nicht immer zu erfüllen vermag.

Prinzipien

Prinzipien dürfen grundsätzlich nicht in eine Ausschließlichkeitsfassung gebracht werden; sie dürfen also nicht nach dem Schema „*nur* wenn ..., dann ...“ formuliert werden.
Die Prinzipien entfalten ihren eigentlichen Sinngehalt erst in einem Zusammenspiel wechselseitiger Ergänzung und Beschränkung.

Canaris, Systemdenken und Systembegriff in der Jurisprudenz[2] (1983) 55

Dass Prinzipien nur funktionieren, wenn man sie sachgerecht durchbrechen darf (siehe auch *Esser*, Grundsatz und Norm [1956] 7), erscheint mir als eine Weisheit, die sich nicht auf die Juristerei beschränkt.

Die vermittelnde Lösung

Nun sprach der König: „Teilt das lebende Kind in zwei Hälften und gebt der einen die Hälfte und der anderen die Hälfte.“ Da sagte das Weib, dem das lebende Kind gehörte – denn in ihr loderte die Liebe zu ihrem Sohne mächtig auf –, zum König: „Mit Verlaub, mein Herr, gebt ihr das Kind und tötet es nicht!“

1 Kön 3, 25-26

Im zivilrechtlichen Diskurs ist oft folgendes Phänomen zu beobachten: Professor A vertritt eine Position, B eine andere; daraufhin präsentiert C eine Mittellösung, die die Argumente von A und B in Einklang zu bringen scheint. C ist der Applaus des Publikums gewiss, genießt doch die „vermittelnde Lösung“ schon allein wegen ihrer dialektischen Vereinigung von These und Antithese besonderes Ansehen. Nun ist der Kompromiss oft ein wirksames Mittel zur Schlichtung zwischenmenschlicher Konflikte; bei der Auslegung des Zivilrechts ist der Mittelweg aber nicht schon an sich besser als die beiden Extrempositionen. Seltsamerweise lobt man die vermittelnde Lösung aber oft auch noch als salomonisch, obwohl die vermittelnde Lösung *Salomos* so eklatant falsch ist, dass erst der Protest dagegen die wahre Kindesmutter enthüllt.

Das schlagkräftigste Argument

RdW 2007, 18

Das *argumentum ad verecundiam* [an die Ehrfurcht gerichtetes Argument]. Statt der Gründe brauche man Autoritäten (...).
Unusquisque mavult credere quam judicare [Jeder will lieber glauben als urteilen]: sagt *Seneca* [De vita beata, I, 4]; man hat also leichtes Spiel, wenn man eine Autorität für sich hat, die der Gegner respektiert.

Schopenhauer, Die Kunst, Recht zu behalten,
Kunstgriff 30 (niedergeschrieben um 1830/31,
1991 von Franco Volpi herausgegeben)

Schopenhauers „Kunst, Recht zu behalten" ist eine Anleitung zum erfolgreichen Diskutieren mit unfairen Mitteln. Das Buch enthält 38 Kunstgriffe, die darauf gerichtet sind, die Argumentation des Gegners nicht wirklich, sondern nur in den Augen des Publikums zu widerlegen. Einer dieser unredlichen Tricks, das *argumentum ad verecundiam*, erweist sich als schlagkräftigstes Argument im juristischen Diskurs. (Interessanterweise gilt dieses Argument unter Juristen seit jeher nicht als unseriös, sondern als besonders ehrwürdig.) Wesentlich kommt es naturgemäß darauf an, auf wen man sich beruft. So erfreut sich etwa auch in Österreich das *argumentum ad Canarem* besonderer Beliebtheit (auch wenn sich *Canaris* meist zum jüngeren Bruder unseres verehrungswürdigen Gesetzbuches äußert). Den größten Erfolg verspricht aber der Verweis auf die (vermeintlich?) herrschende Lehre und ständige Rechtsprechung in Deutschland, denn – so *Schopenhauer* – „es gibt keine noch so absurde Meinung, die die Menschen nicht leicht zu der ihrigen machten, sobald man es dahin gebracht hat, sie zu überreden, daß solche *allgemein angenommen* sei".

Der Meister der elegantia iuris

RdW 2008, 381

Einer seiner Schüler charakterisierte ihn: „Im Vortrag von unnachahmlicher Ausgeglichenheit, unterzog Baron Schey in schlichten Worten, dem Gegenstand entsprechend, bloß manchmal ein wenig mit der Ironie erlesener Lebensweisheit verbrämt, die Lehren des Allgemeinen Bürgerlichen Gesetzbuches einer fast andächtigen Auslegung."
Er war in Wort und Schrift der unbestrittene Meister der elegantia iuris.

Benedikt in der Neuen Österreichischen Biographie ab 1815, Band XVII (1968) 133 über *Josef von Schey*

Scheys Vater, der laut *Wurzbachs* Biographischem Lexikon (29. Theil [1875] 244) „in der vordersten Reihe der Finanzcapacitäten des Continents" stand (als Berufsbezeichnung findet sich bei *Wurzbach* der Eintrag „Finanzmann und Humanist"), hätte seinen 1853 geboren Sohn gern als Teilhaber seines Firmenimperiums gesehen; dieser folgte aber dem Vorbild seines bedeutend älteren Schwagers *Joseph Unger* und entschied sich für die Rechtswissenschaft. *Scheys* Namen verbindet man in erster Linie mit den drei Teilnovellen zum ABGB, an denen er federführend beteiligt war und die die österreichische Rechtswissenschaft mit unserem Gesetzbuch versöhnt und wesentlich zu dem vor einem Jahrhundert noch undenkbaren Ansehen beigetragen haben, das das ABGB heute unter heimischen Juristen genießt.
Schey war nicht nur ein großer Rechtswissenschaftler, sondern auch fester Bestandteil des gesellschaftlichen und kulturellen Lebens in Wien. Ihm verdanken wir, dass dem Kunsthistorischen Museum ein Hauptwerk von *Peter Paul Rubens* erhalten blieb. Nach dem Ersten Weltkrieg forderte Belgien die Restitution des aus Brüssel stammenden Ildefonso-Altars; in geschliffenem Französisch gelang es *Schey* vor dem Pariser Schiedsgericht Punkt für Punkt die gegnerischen Ausführungen zu widerlegen. *Schey* bekleidete – zuerst in Graz, dann in Wien – wiederholt das Amt des Dekans der juristischen Fakultät; der Antisemitismus der christlichsozialen und deutschnationalen Studentenschaft verhinderte allerdings, dass er Rektor in Wien wurde. *Schey* starb 1938 am Vorabend des Untergangs jener Welt von Gestern, zu deren elegantesten Erscheinungen er gehörte.

Vom Wert der Rechtsgeschichte

RdW 2008, 194

Für die spezifischen Zwecke der Rechtswissenschaft hat die Rechtsgeschichte Wert nur insofern, als sie etwas beiträgt zur Erkenntnis des anzuwendenden Rechts. Dies zu betonen, haben gerade diejenigen die dringendste Veranlassung, welche am meisten davon überzeugt sind, daß die volle Erkenntnis des anzuwendenden Rechts in zahlreichen Fällen ohne Zurückgehen auf seine geschichtliche Entwicklung nicht möglich ist. Denn alle Übertreibung rächt sich, und der Jurist, dem gesagt wird, daß ihm die Rechtsgeschichte um ihrer selbst nötig sei, gelangt leicht dazu, sie ganz wegzuwerfen. Wir sind keine Gelehrten und wollen keine sein; aber die Gelehrsamkeit ist uns nötig zu unseren Zwecken, und in diesem Sinne suchen wir sie uns anzueignen.

Windscheid, Die Aufgaben der Rechtswissenschaft, Leipziger Rektoratsrede vom 31. Oktober 1884, in *Oertmann* (Hrsg), Bernhard Windscheid, Gesammelte Reden und Abhandlungen (1904) 109

Die Vergangenheit bildet den für die Erkenntnis des geltenden Rechts notwendigen Kontext. Darüber hinaus verhilft der Blick in die Geschichte des Zivilrecht aber vielleicht auch zu größerer Beweglichkeit des Geistes, lehrt die Vergangenheit doch, dass die gerade herrschende Sichtweise nicht der Weisheit letzter Schluss, sondern nur eine Momentaufnahme in einer Entwicklung ist, die seit Jahrhunderten vor sich geht.

Against Theory

RdW 2007, 269

... und ich gelangte schließlich zu dem Punkte, auf dem ich jetzt stehe, und den ich in den Satz zusammenfassen kann: daß man erst den Glauben an die Theorie vollständig verloren haben muß, um ohne Gefahr sich ihrer bedienen zu können.

Jhering, Scherz und Ernst in der Jurisprudenz (1884) 54

Der Ausspruch *Jherings* ist zwar auf die inzwischen überwundene Begriffsjurisprudenz gemünzt, er kann allerdings auch ganz allgemein als Warnung vor übertriebener Theoriengläubigkeit gelesen werden. Auch bei heute modischen Ansätzen, sei es das bewegliche System oder die ökonomische Analyse, ist kritische Distanz angebracht – dann leisten sie oft wertvolle Dienste.

Abkürzungsverzeichnis

ABGB	Allgemeines bürgerliches Gesetzbuch
Abs	Absatz
Anm	Anmerkung
BGB	(deutsches) Bürgerliches Gesetzbuch
BGH	(deutscher) Bundesgerichtshof
bzw	beziehungsweise
C	Codex Iustinianus
D	Digesten
et al	et alii
f	folgende
ff	fortfolgende
FN	Fußnote
hg, hrsg	herausgegeben
Hrsg	Herausgeber
Inst	Institutionen
JBl	Juristische Blätter
Kön	Buch der Könige
Kor	Brief(e) des Paulus an die Korinther
od	oder
OGH	Oberster Gerichtshof
RdW	Recht der Wirtschaft
RIS	Rechtsinformationssystem
Rs	Rechtssache
Rz	Randzahl
S	Seite
Stud Gen	Studium Generale
usw	und so weiter
v	versus
VfSlg	Sammlung der Erkenntnisse und wichtigsten Beschlüsse des Verfassungsgerichtshofes
vgl	vergleiche
vertragl	vertraglich
wissenschaftl	wissenschaftlich
VR	Die Versicherungsrundschau
zE	zum Exempel
ZPO	Zivilprozessordnung

Literaturverzeichnis

Asimov, Runaround (1942) (veröffentlicht in der März-Ausgabe 1942 von Astounding Science Fiction sowie in I, Robot [1950], The Complete Robot [1982] und Robot Visions [1990]); deutsch: Herumtreiber

Barta, Martini Colloquium: Begrüßung und Einleitung, in *Barta/Palme/Ingenhaeff* (Hrsg), Naturrecht und Privatrechtskodifikation (1999) 15

Barta, Zivilrecht: Grundriss und Einführung in das Rechtsdenken, 2. Auflage (2004)

Behrends/Knütel/Kupisch/Seiler (Hrsg), Corpus Iuris Civilis, Text und Übersetzung, Band II: Digesten 1-10 (1995), Band III: Digesten 11-20 (1999)

Benedikt, Josef Freiherr Schey von Koromla, in der Neuen Österreichischen Biographie ab 1815, Band XVII (1968)

Bydlinski in *Klang/Gschnitzer*, Kommentar zum Allgemeinen bürgerlichen Gesetzbuch, Band IV/2, 2. Auflage (1978)

Canaris, Systemdenken und Systembegriff in der Jurisprudenz, 2. Auflage (1983)

Canaris, Handelsrecht, 24. Auflage (2006)

Ehrenzweig, System des österreichischen allgemeinen Privatrechts, 1. Auflage, 6. Auflage des von Prof. Dr. L. Pfaff aus dem Nachlasse des Prof. Dr. Josef Krainz herausgegebenen Systems des österreichischen allgemeinen Privatrechts, Band I, 1. Hälfte: Allgemeiner Teil (1925), Band I, 2. Hälfte: Das Sachenrecht (1923), Band II, 1. Hälfte: Das Recht der Schuldverhältnisse (1920), Band II, 2. Hälfte: Familien- und Erbrecht (1924)

Ehrenzweig, System des österreichischen allgemeinen Privatrechts, 2. Auflage, 7. Auflage des von Prof. Dr. L. Pfaff aus dem Nachlasse des Prof. Dr. Josef Krainz herausgegebenen Systems des österreichischen allgemeinen Privatrechts, Band I, 1. Hälfte: Allgemeiner Teil bearbeitet von Adolf Ehrenzweig (1951), Band I, 2. Hälfte: Das Sachenrecht, bearbeitet von Adolf Ehrenzweig (1957), Band II, 1. Hälfte: Das Recht der Schuldverhältnisse (1928), Band II, 2. Hälfte: Familien- und Erbrecht bearbeitet von Adolf Ehrenzweig (1937)

Ehrenzweig, System des österreichischen allgemeinen Privatrechts, zuletzt bearbeitet von Dr. Armin Ehrenzweig und Dr. Adolf Ehrenzweig, 3., vollkommen neu bearbeitete und erweiterte Auflage, 2. Buch, 1. Abteilung: Das Recht der Schuldverhältnisse, Allgemeine Lehren bearbeitet von Heinrich Mayrhofer (1986), 3. Buch: Das Familienrecht bearbeitet von Fritz Schwind (1984), 4. Buch: Das Erbrecht bearbeitet von Winfried Kralik (1983)

Ehrenzweig, siehe auch bei Krainz

Esser, Grundsatz und Norm in der richterlichen Fortbildung des Privatrechts. Rechtsvergleichende Beiträge zur Rechtsquellen- und Interpretationslehre (1956)

Friedell, Steinbruch – vermischte Meinungen und Sprüche (1922)

Friedell, Die Kulturgeschichte der Neuzeit, Band I (1927)

Gantner, Die Haftung der Krankenanstalten für Computerfehlleistungen, VR 2001, 222

Gigerenzer, Calculated Risks: How to Know When Numbers Deceive You (2002); deutsch: Das Einmaleins der Skepsis – über den richtigen Umgang mit Zahlen und Risiken, 3. Auflage (2007)

Glück, Ausführliche Erläuterung der Pandecten nach Hellfeld, 34 Bände (1790-1830) (nach dessen Tod fortgesetzt von Fein, Mühlenbruch et al)

Griss, Der Entwurf eines neuen österreichischen Schadenersatzrechts, JBl 2005, 273

Gschnitzer, Heinrich Klang – seine Bedeutung für das österreichische Privatrecht, JBl 1954, 158

Hirsch, Napoleon: Il faut couper les lanques des avocats, Berliner Anwaltsblatt 2004, 610

Höpfner, Theoretisch-practischer Commentar über die Heineccischen Institutionen nach deren neuesten Ausgabe (1783)

Homburger, State class actions and the federal rule, Columbia Law Review 1971, 609

Honsell, Analogie und Restriktion im römischen Recht – vom Wortlaut zum Sinn, in Privatrecht und Methode, Festschrift für Ernst A. Kramer (2004), 193

Hoyer, Adolf Exner, in *Brauneder* (Hrsg), Juristen in Österreich (1987) 205

Jhering, Der Kampf um´s Recht, 3. Auflage (1873)

Jhering, Scherz und Ernst in der Jurisprudenz (1884)

Jhering, Ist die Jurisprudenz eine Wissenschaft? Jherings Wiener Antrittsvorlesung vom 16. Oktober 1868. Aus dem Nachlaß herausgegeben und mit einer Einführung, Erläuterungen sowie einer wissenschaftsgeschichtlichen Einordnung versehen von Okko Behrends (1998)

Kalss, Anlegerinteressen – der Anleger im Handlungsdreieck von Vertrag, Verband und Markt (2001)

Kelsen, Die Reine Rechtslehre, 2. Auflage (1960)

Koziol/Welser, Grundriss des bürgerlichen Rechts, 13. Auflage, Band I (2006) bearbeitet von Andreas Kletečka und Band II (2007) bearbeitet von Rudolf Welser

Krainz, System des österreichischen allgemeinen Privatrechts. Aus dessen Nachlass herausgegeben und redigiert von Leopold Pfaff, 1. Auflage, Band I (1885) Band II (1889)

Krainz, System des österreichischen allgemeinen Privatrechts. Aus dessen Nachlass herausgegeben und redigiert von Leopold Pfaff, 3. Auflage besorgt von Armin Ehrenzweig Band I (1899) und Band II (1900)

Krainz, System des österreichischen allgemeinen Privatrechts. Aus dessen Nachlass herausgegeben und redigiert von Leopold Pfaff, 4. Auflage besorgt von Armin Ehrenzweig Band I (1905) und Band II (1907)

Krainz siehe auch bei Ehrenzweig

Kramer, Juristische Methodenlehre, 2. Auflage (2005)

Kreittmayr, Anmerkung über den Codicem Maximilianeum Bavaricum Civilem, Band IV (1765)

Krejci in *Rummel*, Kommentar zum Allgemeinen Bürgerlichen Gesetzbuch, Band I, 3. Auflage (2000)

Krejci, Über den Wert von Rechtsgutachten, RdW 2006, 12

Larenz/Canaris, Methodenlehre der Rechtswissenschaft, 3. Auflage (1995)

Lenhoff in *Klang*, Kommentar zum Allgemeinen bürgerlichen Gesetzbuch, Band III, 1. Auflage (1932)

Losano, Der Briefwechsel Jherings mit Unger und Glaser (1996)

Lutschinger, Onthologische Hermeneutik im usus modernus. Der Versuch einer kritisch-proktologischen Dialektik (1981)

Martini, Allgemeines Recht der Staaten (1799)

Montesquieu, De l´esprit des loix (1748); deutsch: Vom Geist der Gesetze

Montesquieu, Cahiers, 1716-1755, Textes recueillis et présentés par Bernard Grasset (niedergeschrieben zwischen 1716 und 1755, 1941 von Bernard Grasset herausgegeben); deutsch: Vom glücklichen und zufriedenen Leben

Österreichische Akademie der Wissenschaften/Österreichischer Rundfunk (Hrsg), Wissenschaft entdecken. Alltägliches Bild österreichischer Forschung (1999) (Online-Version: www.wissenschaftskalender.at); wird zitiert: Wissenschaftskalender der Österreichischen Akademie der Wissenschaften [Datum]

Ofner, Der Ur-Entwurf und die Berathungs-Protokolle des Österreichischen Allgemeinen bürgerlichen Gesetzbuches, Band I und Band II (1889)

Pfaff/Hofmann, Commentar zum österreichischen allgemeinen bürgerlichen Gesetzbuche, Band I (1877)

Psenner, Vom Wert und Unwert privater (Rechts-)Gutachten, RdW 2005, 607

Rabelais, Gargantua et Pantagruel, Buch II (1532); deutsch: Gargantua und Pantagruel

Radbruch, Rechtsphilosophie, 8. Auflage hrsg von Erik Wolf und Hans-Peter Schneider (1973)

Rowling, Harry Potter and the Deathly Hallows (2007); deutsch: Harry Potter und die Heiligtümer des Todes

Sauer, Juristische Methodenlehre (1940)

Savigny, Vom Beruf unserer Zeit für Gesetzgebung und Rechtswissenschaft (1814)

Savigny, System des heutigen Römischen Rechts, Band I (1840)

Seneca, De vita beata (vermutlich in der zweiten Hälfte der 50er Jahre des 1. Jahrhunderts verfasst); deutsch: Vom glücklichen Leben

Schäfer/Ott, Lehrbuch der ökonomischen Analyse des Zivilrechts, 4. Auflage (2005)

Schopenhauer, Die Kunst, Recht zu behalten (niedergeschrieben um 1830/31, 1991 von Franco Volpi herausgegeben)

Shakespeare, Henry VI. (verfasst 1589–91, gedruckt 1595); deutsch: Heinrich VI.

Sonnenfels, Über den Geschäftsstyl, 4. Auflage (1820)

Schönherr, Recht und Sprache, ein altes Thema, aber aktueller denn je, JBl 1982, 245

Stammler, Theorie der Rechtswissenschaft (1911)

Swift, Travels into Several Remote Nations of the World. In Four Parts. By Lemuel Gulliver, First a Surgeon, and then a Captain of Several Ships. (1726); deutsch: Gullivers Reisen

Waldstein/Rainer, Römische Rechtsgeschichte, 10. Auflage (2005)

Windscheid, Recht und Rechtswissenschaft – Eine Universitäts-Festrede (1854)

Windscheid, Die Aufgaben der Rechtswissenschaft, Leipziger Rektoratsrede vom 31. Oktober 1884, in *Oertmann* (Hrsg), Bernhard Windscheid, Gesammelte Reden und Abhandlungen (1904) 100

Windscheid, Lehrbuch des Pandektenrechts, 8. Auflage bearbeitet von Theodor Kipp, Band I (1900), Band II (1900) und Band III (1901)

Wilhelm, Zinsenstreit entschieden – Rechtsdogmatik besiegt sich selbst, ecolex 2005, 189

Wilhelm, „Aufgabe des Schadenersatzrechts ist es, Schaden auszugleichen ...", ecolex 2005, 497

Welser, Böses über die Juristen (2005)

H. J. Wolff, Typen im Recht und in der Rechtswissenschaft, Stud Gen 1952, 195

K. Wolff in *Klang*, Kommentar zum Allgemeinen bürgerlichen Gesetzbuch, Band VI, 2. Auflage (1951)

Wurzbach, Biographisches Lexikon des Kaiserthums Oesterreich, Neunundzwanzigster Theil (1875)

Zeiller, Commentar über das allgemeine bürgerliche Gesetzbuch, Band I (1811)

Personenverzeichnis

Die Fundstellen in Klammern beziehen sich auf die Abbildungen.

Stichwortverzeichnis

Abbildungsverzeichnis

S 36: Herwig Zens: Klang, 24x16, Tuschzeichung laviert, auf Bütten, 2008.
Heinrich Klang (1875–1954), Richter am Obersten Gerichtshof und Herausgeber des nach ihm benannten Kommentars, war gemeinsam mit *Ehrenzweig* die prägende Persönlichkeit der österreichischen Zivilistik seiner Zeit.

S 42: Herwig Zens: Exner, 24x16, Tuschzeichung laviert, auf Bütten, 2008.
Adolf Exner (1841–1894), Professor in Zürich und Wien, Lehrer des Kronprinzen, Mitglied des Herrenhauses und des Reichsgerichts, weitgereister Freund *Gottfried Kellers*, verfasste bedeutende Arbeiten zum Pfandrecht und zur höheren Gewalt.

S 44: Herwig Zens: Pfaff, 21,1x14,8, Tuschzeichung laviert, 2008.
Leopold Pfaff (1837–1914), Professor in Innsbruck und Wien, Herausgeber des Krainzschen Systems. Sein unvollendet gebliebener Kommentar zum ABGB, den er gemeinsam mit seinem Freund *Franz Hofmann* verfasste, gehört zu den Meilensteinen des österreichischen Privatrechts.

S 46: Herwig Zens: Sonnenfels, 24x16, Tuschzeichung laviert, auf Bütten, 2008.
Joseph von Sonnenfels (1732/33–1817), der Tausendsassa der österreichischen Aufklärung, erlangte bleibenden Ruhm für seine erfolgreichen Bemühungen um die Abschaffung der Folter.

S 50: Herwig Zens: Windscheid, 24x16, Tuschzeichung laviert, auf Bütten, 2008.
Bernhard Windscheid (1817–1892), Vollender der Pandektistik und Wegbereiter des BGB; Verfasser des ultimativen Pandekten-Lehrbuchs.

S 52: Herwig Zens: Justitia, 24x16, (nach Lucas Cranach dem Älteren), Tuschzeichung laviert, auf Bütten, 2008.

S 63: Herwig Zens: Kelsen, 24x16, Tuschzeichung laviert, auf Bütten, 2008.
Hans Kelsen (1881–1973), Großmeister des Staatsrechts und Gigant der Rechtstheorie, stellte mit seiner Reinen Rechtslehre den Rechtspositivismus auf eine neue Grundlage.

S 67: Herwig Zens: Bartolus, 24x16, Tuschzeichung laviert, auf Bütten, 2008.
Bartolus de Saxoferrato (1314–1357) lehrte in Pisa und Perugia, galt als größter Jurist aller Zeiten und starb am Biss eines tollwütigen Hundes.

S 72: Herwig Zens: Unger, 24x16, Tuschzeichung laviert, auf Bütten, 2008.
Joseph Unger (1828–1913), Überwinder der Exegetik und Vater der modernen österreichischen Zivilrechtswissenschaft, lehrte seit 1856 an der Universität Wien; niemand übte einen nachhaltigeren Einfluss auf die Entwicklung der österreichischen Zivilistik aus.

S 76: Herwig Zens: Stammler, 24x16, Tuschzeichung laviert, auf Bütten, 2008.
Rudolf Stammler (1856–1938), neukantianischer Rechtsphilosoph, Ordinarius in Halle und Berlin.

S 80: Herwig Zens: Ulpian, 24x16, Tuschzeichung laviert, auf Bütten, 2008.
Etwa ein Drittel des Inhalts der Digesten stammt aus der Feder des von der Prätorianergarde ermordeten *Domitius Ulpianus*, kurz *Ulpian* (170–228). Das Zitiergesetz von *Theodosius II.* machte ihn zu einem der fünf Zitierjuristen.

S 84: Herwig Zens: Montesquieu, 24x16, Tuschzeichung laviert, auf Bütten, 2008.
Charles-Louis de Secondat, Baron de La Brède et de Montesquieu (1689–1755), Schriftsteller, Staatstheoretiker, Philosoph und Encyclopädist. In seinem *Geist der Gesetze* entwickelte er die Idee der Gewaltenteilung.

S 88: Herwig Zens: Rabel, 24x16, Tuschzeichung laviert, auf Bütten, 2008.
Ernst Rabel (1874–1955), Wegbereiter des UN-Kaufrechts und Begründer der Rechtsvergleichung in Deutschland, gilt als international bedeutendster deutscher Jurist des 20. Jahrhunderts, war aber Österreicher.

S 90: Herwig Zens: Alciatus, 24x16, Tuschzeichung laviert, auf Bütten, 2008.
Andreas Alciatus (1492–1550), Begründer der humanistischen Jurisprudenz, war nicht nur für seine rechtswissenschaftlichen Werke, sondern auch für sein *Emblematum liber* berühmt; es handelte sich dabei um das erste Emblem-Buch, einer Bild und Text kombinierenden Literaturgattung, die sich im 16. und 17. Jahrhundert äußerster Beliebtheit erfreute.

S 97: Herwig Zens: Schey, 24x16, Tuschzeichung laviert, auf Bütten, 2008.
Josef von Schey (1853–1938); dem Gentleman der österreichischen Zivilrechtswissenschaft verdanken wir die drei Teilnovellen zum ABGB, die unserem Gesetzbuch sein heutiges Gesicht verliehen.